杨树达讲文言修辞

杨树达 著

·南京·

图书在版编目（CIP）数据

杨树达讲文言修辞 / 杨树达著. -- 南京：河海大学出版社，2019.7
 ISBN 978-7-5630-5666-8

Ⅰ．①杨… Ⅱ．①杨… Ⅲ．①文言文－修辞 Ⅳ．①H15

中国版本图书馆CIP数据核字(2018)第194312号

书　　名	杨树达讲文言修辞
书　　号	ISBN 978-7-5630-5666-8
责任编辑	毛积孝
特约编辑	李　路　　叶青竹
特约校对	张琳妤
出版发行	河海大学出版社
地　　址	南京市西康路1号（邮编：210098）
电　　话	（025）83722833（营销部）
	（025）83737852（总编室）
经　　销	全国新华书店
印　　刷	三河市兴国印务有限公司
开　　本	880mm×1230mm　1/32
印　　张	11
字　　数	194千字
版　　次	2019年7月第1版
印　　次	2019年7月第1次印刷
定　　价	79.80元

《大师讲堂》系列丛书
▶ 总序

/ 吴伯雄

梁启超说："学术思想之在一国，犹人之有精神也。"的确，学术的盛衰，关乎一个民族的精神气象与文化氛围。民国是一个动荡不安的时代，内忧外患，较之晚清，更为剧烈，中华民族几乎已经濒临亡国灭种的边缘。而就是在这样日月无光的民国时代，却涌现出了一批批大师，他们不但具有坚实的旧学基础，也具备超前的新学眼光。加之前代学术的遗产，西方思想的启发，古义今情，交相辉映，西学中学，融合创新。因此，民国是一个大师辈出的时代，梁启超、康有为、严复、王国维、鲁迅、胡适、冯友兰、余嘉锡、陈垣、钱穆、刘师培、马一孚、熊十力、顾颉刚、赵元任、汤用彤、刘文典、罗根泽……单是这一串串的人名，就足以使后来的学人心折骨惊，高山仰止。而他们在史学、哲学、文学、考古学、民俗学、教育学等各个领域所取得的成就，更是创造出了一个异彩纷呈的学术局面。

岁月如轮，大师已矣，我们已无法起大师于九原之下，领教大师们的学术文章。但是，"世无其人，归而求之吾书"（程子语）。

大师虽已远去，他们留下的皇皇巨著，却可以供后人时时研读。时时从中悬想其风采，吸取其力量，不断自勉，不断奋进。诚如古人所说："圣贤备黄卷中，舍此安求？"有鉴于此，我们从卷帙浩繁的民国大师著作当中，精心编选出版了这一套"大师讲堂系列丛书"，分辑印行，以飨读者。原书初版多为繁体字竖排，重新排版字体转换过程当中，难免会有鲁鱼亥豕之讹，还望读者不吝赐正。

吴伯雄，福建莆田人，1981年出生。2003年考入福建师范大学古代文学研究系，师从陈节教授。2006年获硕士学位。同年9月考入复旦大学中文系古代文学专业，师从王水照先生。2009年7月获博士学位。同年9月进入福建师范大学文学院古代文学教研室工作。推崇"博学而无所成名"。出版《论语择善》(九州出版社),《四库全书总目选》(凤凰出版社)。

目录

第一编　汉文文言修辞学 | 001

第一章　释名 | 003

第二章　修辞之重要 | 005

第三章　修辞举例 | 019

第四章　变化 | 047

第五章　改窜 | 088

第六章　嫌疑 | 096

第七章　参互 | 117

第八章　双关 | 134

第九章　曲指 | 143

第十章　夸张 | 151

第十一章　存真 | 159

第十二章　代用 | 172

第十三章　合叙 | 181

第十四章　连及 | 187

第十五章　自释 | 194

第十六章　错综 | 200

第十七章　颠倒 | 212

第十八章　省略 | 219

附录　文病若干事 | 244

第二编　古书句读释例 | 253

再版序 | 255

叙论 | 256

甲　误读的类型 | 258

乙　误读的贻害 | 318

丙　误读的原因 | 328

丁　特殊的例句 | 339

第一编 汉文文言修辞学

# 第一章 释名

一、修辞

《易·乾·文言》云：子曰："君子进德修业。忠信，所以进德也；修辞立其诚，所以居业也。"

二、修

《说文解字》九篇上《彡部》云：修，饰也。从彡，攸声。段玉裁注云：修之从彡者，洒刷之也，藻绘之也。

《论语》十四《宪问篇》云：子曰："为命，裨谌草创之，世叔讨论之，行人子羽修饰之，东里子产润色之。"

《左传》成公十四年云：君子曰："《春秋》之称，微而显，志而晦，婉而成章，尽而不污，惩恶而劝善，非圣人谁能修之？"

《公羊传》庄公七年云：不修《春秋》曰："雨星不及地尺而复。"君子修之，曰："星霣如雨。"

三、辞

《说文解字》十四篇下《辛部》云：辞，讼也，从䛧、辛。䛧、辛犹理辜也。

《易·系辞》云：其旨远，其辞文，其言曲而中。

《礼记》三十二《表记篇》云：情欲信，辞欲巧。

《论语》八《泰伯篇》云：曾子曰："出辞气，斯远鄙倍矣。"

　　树达按：文，巧，远鄙倍，言辞当求美也。

《礼记》一《曲礼篇》云：不辞费。

　　树达按：不辞费，言当求简也。

《仪礼》八《聘礼篇》云：辞多则史，少则不达。辞苟足以达，义之至也。

《论语》十五《卫灵公篇》云：子曰："辞达而已矣。"

　　树达按：达谓明白晓畅，辞能达意也。

第二章 修辞之重要

一、修辞之益

（一）

《左传》庄公十一年云：秋，宋大水，公使吊焉。曰："天作淫雨，害于粢盛，若之何不吊！"对曰："孤实不敬，天降之灾，又以为君忧，拜命之辱。"臧文仲曰："宋其兴乎！禹汤罪己，其兴也悖焉；桀纣罪人，其亡也忽焉。且列国有凶称孤，礼也。言惧而名礼，其庶乎！"既而闻之曰："公子御说之辞也。"臧孙达曰："是宜为君！有恤民之心。"

（二）

又襄公二十三年云：孟氏闭门，告于季孙曰："臧氏将为乱，不使我葬。"季孙不信。臧孙闻之，戒。冬十月，孟氏将辟，藉除于臧氏，臧孙使正夫助之，除于东门甲，从己而视之。孟氏又告季孙，季孙怒，命攻臧氏。乙亥，臧纥斩鹿门之关，以出奔邾。……臧纥致防而奔齐。其人曰："其盟我乎？"臧孙曰："无辞。"将盟臧氏，季孙召外史掌恶臣而问盟首焉。对曰："盟东门氏也，曰：'毋或如东门遂，不听公命，杀嫡立庶！'盟叔孙氏也，曰：'毋或如叔孙侨如，欲废国常，荡覆公室！'"季孙曰："臧孙之罪皆不及此。"孟椒曰："盍以其犯门斩关？"季孙用之。乃盟臧氏，曰："无或如臧孙纥，干国之纪，犯门斩关！"臧孙闻之，曰："国有人焉！谁居？其孟椒乎！"

（三）

又襄公二十五年云：郑子产献捷于晋，戎服将事。晋人问陈之罪。对曰："昔虞阏父为周陶正，以服事我先王，我先王赖其利器用也，与其神明之后也，庸以元女大姬配胡公而封诸陈，以备三恪，则我周之自出，至于今是赖。桓公之乱，蔡人欲立其出，我先君庄公奉五父而立之，蔡人杀之。我又与蔡人奉戴厉公，至于庄宣皆我之自立。夏氏之乱，成公播荡，又我之自入：君所知也。今陈忘周之大德，蔑我大惠，弃我姻亲，介恃楚众，以冯陵我敝邑，不可亿逞，我是以有往年之告。未获成命，则有我东门之役，当陈隧者，井堙木刊。敝邑大惧不竟而耻大姬，天诱其衷，启敝邑之心，陈知其罪，授手于我，用敢献功。"晋人曰："何故侵小？"对曰："先王之命，唯罪所在，各致其辟。且昔天子之地一圻，列国一同，自是以衰。

今大国多数圻矣,若无侵小,何以至焉?"晋人曰:"何故戎服?"对曰:"我先君武庄为平桓卿士,城濮之役,文公布命曰:'各复旧职!'命我文公戎服辅王以授楚捷,不敢废王命故也。"士庄伯不能诘,复于赵文子。文子曰:"其辞顺,犯顺,不祥。"乃受之。冬十月,子展相郑伯如晋,拜陈之功。子西复伐陈,陈及郑平。仲尼曰:"《志》有之:言以足志,文以足言。不言,谁知其志?言之无文,行而不远。晋为伯,郑入陈,非文辞不为功,慎辞哉!"

(四)

又襄公二十六年云:初,楚伍参与蔡太师子朝友,其子伍举与声子相善也。伍举娶于王子牟,王子牟为申公而亡。楚人曰:"伍举实送之。"伍举奔郑,将遂奔晋。声子将如晋,遇之于郑郊,班荆相与食而言复故。声子曰:"子行也!吾必复子。"及宋,向戌将平晋楚,声子通使于晋,还,如楚。令尹子木与之语,问晋故焉。且曰:"晋大夫与楚孰贤?"对曰:"晋卿不如楚,其大夫则贤,皆卿材也。如杞、梓、皮、革,自楚往也。虽楚有材,晋实用之。"子木曰:"夫独无族姻乎?"对曰:"虽有而用,楚材实多。归生闻之:'善为国者赏不僭而刑不滥。'赏僭则惧及淫人,刑滥则惧及善人。若不幸而过,宁僭无滥;与其失善,宁其利淫。无善人则国从之。《诗》曰:'人之云亡,邦国殄瘁。'无善人之谓也。故《夏书》曰:'与其杀不辜,宁失不经。'惧失善也。《商颂》有之曰:'不僭不滥,不敢怠皇,命于下国,封建厥福。'此汤所以获天福也。古之治民者，劝赏而畏刑，恤民不倦，赏以春夏，刑以秋冬，是以将赏，为之加膳，加膳则饫赐，此以知其劝赏也。将刑，为之不举，不举则彻乐，此以知其畏刑也。夙兴夜寐，朝夕临政，此以知其恤民也。三者，礼之大节也。有礼无败。今楚多淫刑，其大夫逃死于四方，而为之谋主以害楚国，不可救疗，所谓不能也。子仪之乱，析公奔晋，晋人置诸戎车之殿以为谋主。绕角之役，晋将遁矣，析公曰：'楚师轻窕，易震荡也，若多鼓钧声以夜军之，楚师必遁。'晋人从之，楚师宵溃，晋遂侵蔡，袭沈，获其君，败申息之师于桑隧，获申丽而还，郑于是不敢南面。楚失华夏，则析公之为也。雍子之父兄谮雍子，君与大夫不善是也，雍子奔晋，晋人与之鄐以为谋主。彭城之役，晋楚遇于靡角之谷，晋将遁矣。雍子发命于军曰：'归老幼，反孤疾，二人役，归一人，简兵搜乘，秣马蓐食，师陈焚次。'明日将战，行归者而逸楚囚，楚师宵溃，晋降彭城而归诸宋，以鱼石归。楚失东夷，子辛死之，则雍子之为也。子反与子灵争夏姬而雍害其事，子灵奔晋，晋人与之邢，以为谋主，扞御北狄，通吴于晋，教吴叛楚，教之乘车射御驱侵，使其子狐庸为吴行人焉。吴于是伐巢，取驾，克棘，入州来，楚罢于奔命，至今为患，则子灵之为也。若敖之乱，伯贲之子贲皇奔晋，晋人与之苗，以为谋主。鄢陵之役，楚晨压晋军而陈，晋将遁矣，苗贲皇曰：'楚师之良，在其中军王族而已。若塞井夷灶，成陈以当之，栾范易行以诱之，中行二郤必克二穆，吾乃四萃于其王族，必大败之。'晋人从之，楚师大败，王夷师熸，子反死之，郑叛吴兴，楚失诸侯，则苗贲皇之为也。"子木曰："是皆然矣。"声子曰："今又有甚于此。椒举娶于申公子牟，子牟得戾而亡，君大夫谓椒举：'女实遣之。'惧而奔郑。引领南望曰：'庶几赦余！'亦弗图也。今在晋矣，晋人将与之县，以比叔向，彼若谋害楚国，岂不为患！"子木惧，言诸王，益其禄爵而复之，声子使椒鸣逆之。

树达按：杜注云："《传》言：'声子有辞，伍举所以得反，子孙复仕于楚。'"

（五）

又襄公三十一年云：公薨之月，子产相郑伯以如晋，晋侯以我丧故，未之见也。子产使尽坏其馆之垣而纳车马焉。士文伯让之，曰："敝邑以政刑之不修，寇盗充斥，无若诸侯之属辱在寡君者何，是以令吏人完客所馆，高其闬闳，厚其墙垣，以无忧客使。今吾子坏之，虽从者能戒，其若异客何？以敝邑之为盟主，缮完葺墙以待宾客。若皆毁之，其何以共命？寡君使匄请命。"对曰："以敝邑褊小，介于大国，诛求无时，是以不敢宁居，悉索敝赋以来会时事。逢执事之不闲而未得见，又不获闻命，未知见时，不敢输币，亦不敢暴露。其输之，则君之府实也；非荐陈之，不敢输也。其暴露之，则恐燥湿之不时而朽蠹，以重敝邑之罪。侨闻：文公之为盟主也，宫室卑庳，无观台榭，以崇大诸侯之馆，馆如公寝，库厩缮修，司空以时平易道路，圬人以时塓馆宫室。诸侯宾至，甸设庭燎，仆人巡宫，车马有所，宾从有代，巾车脂辖，隶人牧圉，各瞻其事，百官之属，各展其物，公不留宾，而亦无废事。忧乐同之，事则巡之，教其不知而恤其不足，宾至如归，无宁菑患，不畏寇盗，而亦不患燥湿。今铜鞮之宫数里,而诸侯舍于隶人,门不容车而不可逾越,盗贼公行而天厉不戒,宾见无时,命不可知。若又勿坏,是无所藏币以重罪也。敢请执事将何以命之?虽君之有鲁丧,亦敝邑之忧也。若获荐币,修垣而行,君之惠也,敢惮勤劳!"文伯复命。赵文子曰:"信。我实不德,而以隶人之垣以赢诸侯,是吾罪也。"使士文伯谢不敏焉。晋侯见郑伯,有加礼,厚其宴好而归之。乃筑诸侯之馆。叔向曰:"辞之不可以已也如是夫!子产有辞,诸侯赖之,若之何其释辞也!《诗》曰:'辞之辑矣,民之协矣;辞之怿矣,民之莫矣。'其知之矣。"

(六)

又昭公九年云:周甘人与晋阎嘉争阎田,晋梁丙、张趯率阴戎伐颍。王使詹桓伯辞于晋曰:"我自夏以后稷,魏、骀、芮、岐、毕,吾西土也;及武王克商,蒲姑、商奄,吾东土也;巴、濮、楚、邓,吾南土也;肃慎、燕、亳,吾北土也。吾何迩封之有!文武成康之建母弟以蕃屏周,亦其废队是为,岂如弁髦而因以敝之!先王居梼杌于四裔以御螭魅,故允姓之奸居于瓜州。伯父惠公归自秦而诱以来,使偪我诸姬,入我郊甸,则戎焉取之。戎有中国,谁之咎也?后稷封殖天下,今戎制之,不亦难乎!伯父图之!我在伯父,犹衣服之有冠冕,木水之有本原,民人之有谋主也。伯父若裂冠毁冕,拔本塞原,专弃谋主,虽戎狄其何有余一人?"叔向谓宣子曰:"文之伯也,岂能改物!翼戴天子而加之以共,自文以来,世有衰德,而暴灭宗周以宣示其侈,诸侯之贰,不亦宜乎!且王辞直,子其图之！"宣子说。王有姻丧，使赵成如周吊，且致阎田与襚，反颖俘。王亦使宾滑执甘大夫襄以说于晋，晋人礼而归之。

（七）

又昭公十年云：戊子，晋平公卒，郑伯如晋，及河，晋人辞之，游吉遂如晋。九月，叔孙婼、齐国弱、宋华定、卫北宫喜、郑罕虎、许人、曹人、莒人、邾人、滕人、薛人、杞人、小邾人如晋，葬平公也。郑子皮将以币行，子产曰："丧焉用币！用币，必百两，百两必千人，千人至，将不行，不行，必尽用之，几千人而国不亡？"子皮固请以行。既葬，诸侯之大夫欲因见新君。叔孙昭子曰："非礼也。"弗听。叔向辞之曰："大夫之事毕矣，而又命孤。孤斩焉在衰绖之中，其以嘉服见，则丧礼未毕；其以丧服见，是重受吊也。大夫将若之何？"皆无辞以见。

（八）

《说苑》卷十一《善说篇》云：子贡曰："出言陈辞，身之得失，国之安危也。《诗》云：'辞之绎矣，民之莫矣，'夫辞者，人之所以自通也。"主父偃曰："人而无辞，安所用之？"昔子产修其辞而赵武致其敬，王孙满明其言而楚庄以惭，苏秦行其说而六国以安，蒯通陈说而身得以全。夫辞者，乃所以尊君、重身、安国、全性者也。故辞不可不修，而说不可不善。

　　树达按：王孙满答楚王问鼎轻重，事见《左传》宣公三年。

（九）

　　《新序》卷三《杂事篇》云：昔者，秦魏为与国，齐楚约而欲攻魏，魏使人求救于秦，冠盖相望，秦救不出。魏人有唐且者，年九十余，谓魏王曰："老臣请西说秦，令兵先臣出，可乎？"魏王曰："敬诺。"遂约车而遣之。且见秦王，秦王曰："丈人罔然乃遂至此，甚苦矣！魏来求救数矣！寡人知魏之急矣。"唐且答曰："大王已知魏之急，而救不至，是大王筹策之臣失之也。且夫魏，一万乘之国也，称东藩，受冠带，祠春秋者，为秦之强足以为与也。今齐楚之兵已在魏郊矣，大王之救不至。魏急，则且割地而约齐楚。王虽欲救之，岂有及哉！是亡一万乘之魏，而强二敌之齐楚也。窃以为大王筹策之臣失之矣。"秦王惧然而悟，遽发兵救之，驰骛而往。齐楚闻之，引兵而去，魏氏复故。唐且一说，定强秦之策，解魏国之患，散齐楚之兵，一举而折冲消难，辞之功也。……唐且有辞，魏国赖之，故不可以已。

二、不修辞之害

甲 事不明

（一）

《汉书》卷六十八《霍光传》云：光与左将军桀结婚相亲，光长女为桀子安妻，有女，年与帝相配。桀因帝姊鄂邑盖主内安女后宫，为倢伃。数月，立为皇后。父安为骠骑将军，封桑乐侯。光时休沐出，桀辄入代光决事。桀父子既尊盛，而德长公主。公主内行不修，近幸河间丁外人，桀安欲为外人求封，幸依国家故事以列侯尚公主者，光不许。又为外人求光禄大夫，欲令得召见，又不许。长主大以是怨光。而桀安数为外人求官爵，弗能得，亦惭。自先帝时，桀已为九卿，位在光右，及父子并为将军，有椒房中宫之重，皇后亲安女，光乃其外祖，而顾专制朝事，由是与光争权。燕王旦自以昭帝兄，常怀怨望，及御史大夫桑弘羊建造酒榷盐铁，为国兴利，伐其功，欲为子弟得官，亦怨恨光。于是盖主上官桀安及弘羊皆与燕王旦通谋，诈令人为燕王上书，言："光出都肄郎羽林，道上称跸，太官先置。又引苏武前使匈奴，拘留二十年，不降，还乃为典属国；而大将军长史敞亡功，为搜粟都尉，又擅调益莫府校尉。光专权自恣，疑有非常。臣旦愿归符玺入宿卫，察奸臣变。"候司光出沐日奏之，桀欲从中下其事，桑弘羊当与诸大臣共执退光。书奏，帝不肯下。明旦，光闻之，止画室中，不入。上问："大将军安在？"左将军桀对曰："以燕王告其罪，故不敢入。"有诏召大将军。光入，免冠顿首谢。上曰："将军冠！朕知是书诈也！将军亡罪。"光曰："陛下何以知之？"上曰："将军之广明都郎，属耳。调校尉以来，未能十日，燕王何以得知之？且将军为非，不须校尉。"是时帝年十四，尚书左右皆惊。而上书者果亡，捕之甚急。桀等惧，白上："小事不足遂。"上不听。后桀党与有谮光者，上辄怒曰："大将军，忠臣，先帝所属以辅朕身，敢有毁者，坐之。"自是桀等不敢复言。

《后汉书》卷二十三《窦宪传》云：窦氏父子兄弟并居列位，充满朝廷。叔父霸为城门校尉；霸弟褒，将作大匠；褒弟嘉，少府。其为侍中将大夫郎吏十余人。宪既负重劳，陵肆滋甚。四年，封邓叠为穰侯，叠与其弟步兵校尉磊及母元，又宪女婿射声校尉郭举，举父长乐少府璜，皆相交结。元、举并出入禁中，举得幸太后，遂共图为杀害。帝阴知其谋，乃与近幸中常侍郑众定议诛之。以宪在外，虑其惧祸为乱，忍而未发。会宪及邓叠班师还京师，诏使大鸿胪持节郊迎，赐军吏各有差。宪等既至，帝乃幸北宫，诏执金吾五校尉勒兵屯卫南北宫，闭城门，收捕叠、磊、璜、举，皆下狱诛，家属徙合浦。遣谒者仆射收宪大将军印绶，更封为冠军侯，宪及笃、景、瑰皆遣就国。帝以太后故，不欲名诛宪，为选严能相督察之。宪、笃、景到国，皆迫令自杀；宗族宾客以宪为官者，皆免归本郡，瑰以素自修，不被逼迫。明年，徙封罗侯，不得臣吏人。

树达按：宋洪迈《容斋随笔》卷三云：汉昭帝年十四，能察霍光之忠，知燕王上书之诈，诛桑弘羊、上官桀，后世称其明。然和帝时，窦宪兄弟专权，太后临朝，共图杀害。帝阴知其谋，而与内外臣僚莫由亲接，独知中常侍郑众不事豪党，遂与定议诛宪。时亦年十四，其刚决不下昭帝，但范史发明不出，故后世无称焉。

　　树达又按：《后汉书·刘隆传》有记汉明帝事一条，附录于此，以供参证。

《后汉书》卷二十二《刘隆传》云：是时，天下垦田多不以实，又户口年纪互有增减。十五年，诏下州郡检核其事，而刺史太守多不平均，或优饶豪右，侵刻羸弱，百姓嗟怨，遮道号呼。时诸郡各遣使奏事，帝见陈留吏牍上有书，视之，云："颍川弘农可问，河南南阳不可问。"帝诘吏由趣，吏不肯服，抵言于长寿街上得之，帝怒。时显宗为东海公，年十二，在幄后，言曰："吏受郡敕，当欲以垦田相方耳。"帝曰："即如此，何故言河南、南阳不可问？"对曰："河南，帝城，多近臣；南阳，帝乡，多近亲。田宅逾制，不可为准。"帝令虎贲将诘问吏，吏乃实首服，如显宗对。

（二）

《汉书》卷七十四《丙吉传》云：武帝末，巫蛊事起，吉以故廷尉监征，诏治巫蛊郡邸狱。时宣帝生数月，以皇曾孙坐卫太子事系，吉见而怜之，又心知太子无事实，重哀曾孙无辜，吉择谨厚女徒令保养曾孙，置闲燥处。吉治巫蛊事连岁不决。后元二年，武帝疾，往来长杨、五柞宫。望气者言："长安狱中有天子气。"于是上遣使者分条中都官诏狱系者,亡轻重,一切皆杀之。内谒者令郭穰夜到郡邸狱,吉闭门,拒使者不纳,曰:"皇曾孙在。他人无辜死者犹不可,况亲曾孙乎!"相守至天明,不得入。穰还,以闻,因劾奏吉,武帝亦寤。曰:"天使之也!"因赦天下郡邸狱系者。曾孙病,几不全者数焉。吉数敕保养乳母加致医药,视遇甚有恩惠,以私财物给其衣食。昭帝崩,亡嗣,大将军光遣吉迎昌邑王贺。贺即位,以行淫乱废,光与车骑将军张安世诸大臣议所立,未定。吉奏记光,光览其议,遂尊立皇曾孙,遣宗正刘德与吉迎曾孙于掖庭。吉为人深厚,不伐善,自曾孙遭遇,吉绝口不道前恩,故朝廷莫能明其功也。……是时掖庭宫婢则令民夫上书自陈,尝有阿保之功。章下掖庭令考问,则辞引使者丙吉知状,掖庭令将则诣御史府,以视吉,吉识,谓则曰:"汝尝坐养皇曾孙不谨督笞,汝安得有功?独渭城胡组、淮阳郭征卿有恩耳!"分别奏组等共养劳苦状,诏吉求组、征卿,已死,有子孙,皆受厚赏,诏免则为庶人,赐钱十万,上亲见问,然后知吉有旧恩而终不言,上大贤之。

《三国志·魏志》卷十一《管宁传》注引《高士传》云:初,晋宣帝为布衣时,与昭有旧。同郡周生等谋害帝,昭闻而步陟险,邀生于崤渑之间,止生,生不肯。昭泣与结诚,生感其义,乃止。昭因与斫枣树共盟而别。昭虽有阴德于帝,口终不言,人莫知之。

《晋书》卷百廿八《载记·慕容超传》云:慕容超,字祖明,德兄北海王纳之子。苻坚破邺,以纳为广武太守,数岁去官,家于张掖。德之南征,留金刀而去。及垂起兵山东,苻昌收纳及德诸子,皆诛之,纳母公孙氏以耄获免。纳妻段氏方娠未决,囚之于郡狱。

狱掾呼延平，德之故吏也，尝有死罪，德免之，至是将公孙及段氏逃于羌中而生超焉。……平又将超母子奔于吕光。及吕隆降于姚兴，超又随凉州人徙于长安。超母谓超曰："吾母子全济，呼延氏之力。平今虽死，吾欲为汝纳其女以答厚恩。"于是娶之。

　　树达按：宋孔平仲《珩璜新论》云："吾观《魏志·管宁传》注，记明胡昭脱晋宣帝于死而口终不言，以为贤于丙吉也。又观《晋·载记·慕容超传》呼延平之活超也，与丙吉事正相类，而史氏文不足以起之，故奄奄如此，可为长太息也。"

乙　物不显

（一）

　　《南史》卷四十三《齐高帝诸子传》云：广汉什邡人段祖以錞于献始兴王鉴，其器高三尺六寸六分，围三尺四寸，圆如筒，铜色黑如漆，甚薄，上有铜马。以绳县马，令去地尺余，灌之以水，又以器盛水于下，以芒茎当心，跪注錞于，以手振芒，则声如雷，清响良久乃绝。

　　树达按：宋洪迈《容斋续笔》卷十一云："《东坡志林》记始兴王鉴一节云：'记者能道其尺寸之详如此，而拙于遣词，使古器形制不可复得其仿佛，甚可恨也。'"树达按：今涵芬楼印《东坡志林》无此条。

丙　犯人忌

（一）

宋张耒《明道杂志》云：文潞公（彦博）以太尉镇洛，遇生日，僚吏皆献诗，多云五福全者，潞公不悦，曰："遽使我考终命耶？"

　　树达按：五福见《尚书·洪范篇》，考终命为五福之一，谓善终也。时代愈后，忌讳愈多，古人以为福者，后人不免以为忌，此可知修辞之不易矣。

第三章 修辞举例

一、改易

甲 改字

（一）

《论语》十三《子路篇》云：冉子退朝，子曰："何晏也？"对曰："有政。"子曰："其事也。如有政，虽不吾以，吾其与闻之。"

树达按：《集解》引马融云："政者，有所改更匡正；事者，凡常行事。"

（二）

汉王充《论衡·问孔篇》云：孔子曰："富与贵，是人之所欲也；不以其道得之，不居也。贫与贱，是人之所恶也；不以其道得之，不去也。"此言人当由道义得，不当苟取也；当守节安贫，不当妄去也。夫言不以其道得富贵不居，可也；不以其道得贫贱，如何？富贵顾可去，去贫贱何之？去贫贱，得富贵也。不得富贵，不去贫贱。如谓得富贵不以其道则不去贫贱耶？则所得富贵，不得贫贱也。贫贱何故当言得之？

顾当言：贫与贱，是人之所恶也；不以其道去之，则不去也。当言去，不当言得。得者，施于得之也；今去之，安得言得乎！独富贵当言得耳。何者？得富贵乃去贫贱也。

（三）

《史记》卷八《高祖本纪》云：父老乃率子弟共杀沛令，开城门，迎刘季，欲以为沛令。刘季曰："天下方扰，诸侯并起，今置将不善，一败涂地，愿更相推，择可者。"萧、曹等尽让刘季。诸父老皆曰："平生所闻刘季诸珍怪，当贵；且卜筮之，莫如刘季最吉。"乃立季为沛公。

树达按：元王若虚《滹南遗老集·史记辨惑》云："珍字不安，《汉书》改为奇，是矣。"树达按：珍宝字属器物言，如刘季斩蛇老妪夜哭等事，乃奇怪，非器物之事也。王说是矣。

（四）

《后汉书》卷四十《班彪传》赞云："二班怀文，裁成帝坟。"注引沈约《宋书》曰：初，谢俨作此赞，云："裁成典坟，"以示范晔，晔改为"帝坟"。

（五）

《梁书》卷三十三《刘孝绰传》云：孝绰与到洽友善，同游东宫。孝绰自以才优于洽，每于宴坐嗤鄙其文，洽衔之。及孝绰为廷尉正，携妾入官府，其母犹停私宅。洽寻为御史中丞，遣令史案其事，遂劾奏之云："携少妹于华省，弃老母于下宅。"高祖为隐其恶，改姝为妹。

树达按：《梁书》原文姝、妹二字互误，兹依《南史》校改。

（六）

唐刘知几《史通》十四《惑经篇》云：凡在人伦不得其死者，邦君以上皆谓之弑，卿士以上通谓之杀，此《春秋》之例也。案桓二年书曰："宋督弑其君与夷及其大夫孔父。"僖十年又曰："晋里克弑其君卓及其大夫荀息。"夫臣当为杀而称及，与君弑同科。苟弑杀不分，则君臣靡别者矣。原注云：及宜改为杀。

树达按：《谷梁传》庄公十二年传云："及其大夫仇牧，以尊及卑也，"此二及字非与字之义，乃连及之义，因弑君而连及其臣耳。刘说似未然。

（七）

《佩文韵府》卷十八引《隋唐嘉话》云：贾岛初赴举京师，一

— 021 —

日于马上得句云:"鸟宿池中树,僧敲月下门。"初欲作"推"字,练之未定,不觉冲尹。时韩吏部权京尹,左右拥至前,岛具告所以。韩立马良久,曰:"作'敲'字佳矣。"

  树达按:敲字响,推字哑,故敲字优也。又按:《文房小说》本《隋唐嘉话》无此条。

(八)

  宋陶岳《五代史补》卷三云:齐己,长沙人……时郑谷在袁州,齐己因携所为诗往谒焉。有《早梅诗》曰:"前村深雪里,昨夜数枝开。"谷笑谓曰:"数枝非早,不若一枝则佳。"齐己矍然,不觉兼三衣叩地膜拜。自是士林以谷为齐己一字师。

(九)

  宋戴埴《鼠璞》云:《南唐野史》载张迥寄远诗:"蝉鬓雕将尽,虬髭白也无?"齐己改为"虬髭黑在无"。迥拜为一字师。

  树达按:"白也无"有欲人须白之意,非事理也,故改之耳。

(十)

  宋强行父《唐子西文录》云:皎然以诗名于唐,有僧袖诗谒之,然指其《御沟诗》云:"此波涵圣泽,波字未稳,当改。"僧怫然作色而去。僧亦能诗者也,皎然度其去必复来,乃取笔作"中"字,掌中握之以待。僧果复来，云："欲更为'中'字，如何？"然展手示之，遂定交。

（十一）

宋陈京《葆光录》卷一云：李建州频与方处士汊为吟友。频有《题四皓庙诗》，自言奇绝，云："东西南北人，高迹此相亲。天下已归汉，山中犹避秦。龙楼曾作客，鹤氅不为臣。独有千年后，青青庙木春。"示于汉。笑而言："善则善矣，然内有二字未稳。'作'字太粗而难换。'为'字甚不当。汉闻：'率土之滨，莫非王臣。'请改作'称'字。"频降伏，而且惭悔前言之失，遂拜为一字之师。

（十二）

宋洪迈《容斋五笔》卷五云：范文正公守桐庐，始于钓台建严先生祠堂，自为记，歌词云："云山苍苍，江水泱泱，先生之德，山高水长。"既成，示南丰李泰伯。泰伯读之，起而言曰："公之文一出，必将名世，某妄意辄易一字以成盛美。"公瞿然，握手扣之，答曰："云山江水之语，于义甚大，于词甚溥；而'德'字承之，乃似趦趄。拟换作'风'字，如何？"公凝坐颔首，殆欲下拜。

　　树达按：《孟子》云："闻伯夷之风者，贪夫廉，懦夫有立志。"《庄子》亦云："闻其风而悦之。"李用"风"字本此。

（十三）

宋洪迈《容斋续笔》卷八云：王荆公绝句云："京口瓜洲一水间，钟山只隔数重山。春风又绿江南岸，明月何时照我还？"吴中士人家藏其草，初云"又到江南岸"，圈去"到"字，注曰不好。改为"过"，复圈去，而改为"入"，旋改为"满"。凡如是十许字，始定为"绿"。

树达按：绿字具体，使人印象深刻，故佳。

（十四）

宋陆游《老学庵笔记》卷一云：荆公素轻沈文通，以为寡学，故赠之诗曰："翛然一榻枕书卧，直到日斜骑马归。"及作文通墓志，遂云："公虽不常读书。"或规之曰："渠乃状元，此语得无过乎！"乃改"读书"作"视书"。

（十五）

宋沈括《梦溪笔谈》卷九云：嘉祐中，士人刘几，累为国学第一人，骤为怪险之语，学者翕然效之，遂成风俗。欧阳公深恶之，会公主文，决意痛惩，凡为新文者，一切弃黜，时体为之一变。有一举人论曰："天地轧，万物茁，圣人发。"公曰："此必刘几也。"戏续之，曰："秀才剌，试官刷。"乃以大朱笔横抹之，自首至尾，谓之红勒帛，判"大纰缪"字榜之，既而果几也。复数年，公为御试考官，而几在庭，公曰："除恶务力，今必痛斥轻薄子以除文章之害。"有一士人论曰："主上收精藏明于冕旒之下。"公曰："吾已得刘几矣！"既黜，乃吴人萧稷也。是时试《尧舜性之赋》，有曰："故得静而延年，独高五帝之寿；动而有勇，形为四罪之诛。"公大称赏，擢为第一人。及唱名，乃刘辉。人有识之者，曰："此刘几也！易名矣！"公愕然久之。因欲成就其名，小赋有"内积安行之德，盖禀于天"，公以"积"近于学，改为"蕴"，人莫不以公为知言。

（十六）

宋费衮《梁溪漫志》卷六云：蜀中石刻东坡文字稿《乞校正陆贽奏议上进劄子》云："德宗以苛察为明"，改作"以苛刻为能"。《获鬼章告裕陵文》："号称右臂"，改作"古称"；"非爱尺寸之疆"，改作"非贪"；"爰敕诸将"，改作"申命诸将"；"盖酬未报之恩"，改作"争酬"；"生擒鬼章"，改作"生获"。

（十七）

宋徐度《却扫篇》卷下云：东坡初为《富韩公神道碑》，以示张文潜，文潜曰："有一字未甚安，请试言之。盖碑之末曰：'公之勋在史官，德在生民，天子虚己听公，西戎北狄视公进退以为轻重，然一赵济能摇之。'窃谓'能'不若'敢'也。"东坡大以为然，即更定焉。

树达按：富弼时以赵济之劾被黜，"能"字则涉及朝廷，"敢"

字第关赵济,此其所以异也。

（十八）

《后汉书》卷四十六《郭躬传》云：顺帝时,廷尉河南吴雄季高以明法律、断狱平,起自孤宦,致位司徒。雄少时,家贫丧母,营人所不封土者择葬其中,丧事趣办,不问时日。医巫皆言当族灭,而雄不顾。及子䜣孙恭三世廷尉,为法名家。宋孔平仲《珩璜新论》云：吴雄之葬,医巫皆言灭族,此亦文之病也。彼巫医何预葬事！亦谓墓师可也。

（十九）

宋惠洪《冷斋夜话》卷五云：舒王在钟山,有客自黄州来。公曰："东坡近日有何妙语？"客曰："东坡宿于临皋亭,醉梦而起,作《成都圣像藏记》千有余言,点定才一两字。有写本,适留舟中。"公遣人取而至,时月出东南,林影在地,公展读于风檐,喜见眉须,曰："子瞻,人中龙也。然有一字未稳。"客曰："愿闻之。"公曰："'日胜日贫。'不若曰：'如人善博,日胜日负'耳。"东坡闻之,抚掌大笑,亦以公为知言。

（二十）

宋史绳祖《学斋占毕》卷一云：东坡作《韩文公庙碑》,可谓发扬蹈厉。然"作书诋佛讥君王",大有节病,《诗》三百篇只有刺而无讥。如"刺"者,与"讥"字义不同。《诗》注云:"风刺,谓譬喻,不斥言也。"若改"讥"字作"规君王",取《沔水》"规宣王"之义,岂不善哉!

(二十一)

宋洪迈《容斋续笔》卷八云:黄鲁直诗,"归燕略无三月事,高蝉止用一枝鸣。""用"字初曰"抱",又改曰"占",曰"在",曰"带",曰"要",至"用"字始定。予闻于钱伸仲大夫如此。

(二十二)

宋庄季裕《鸡肋篇》卷上云:黄鲁直《送张谟河东漕使诗》云:"紫参可撷宜包贡,青铁无多莫铸钱。"时范忠宣帅太原,方论冶多铸广,故物重为弊。其子子夷亦能诗,尝云:"当易'无'字作'虽',乃可。"

(二十三)

宋戴埴《鼠璞》卷上云:陈辅之《诗话》云:"萧楚才知溧阳,乖崖作牧,有一绝云:'独恨太平无一事,江南闲杀老尚书。'萧改'恨'作'幸'。"

（二十四）

宋庄季裕《鸡肋篇》卷中云：许□□作哲宗哀册云："攀灵舆而增痛，"上皇改"攀"为"抚"，"痛"为"怆"。

树达按："攀""痛"意重，"抚""怆"意轻，徽宗避重就轻，盖以哲宗为己兄故欤？

（二十五）

宋张端义《贵耳集》卷上云：周益公与韩无咎同赋词科，试《交趾国进象表》，有"备法驾之前陈"，此无咎句也。益公止改"陈"字作"驱"字，遂中大科。"陈"字不切，"驱"字象上有用。

（二十六）

宋陈世崇《随隐漫录》卷四云："白玉堂中曾草诏，水晶宫里近题诗。"韩子苍易为"堂深""宫冷"。古词云："春归也，只消戴一朵荼䕷。"宇文元质易"戴"为"更"，皆一字师也。

树达按："白玉堂中""水晶宫里"，词太熟烂滑脱，改为"堂深""宫冷"，典重多矣。"戴"字板滞，更字则轻松矣。

（二十七）

又卷三云：先臣（陈藏一）承旨令述《太乙宫明禋祈晴设醮青词》

云:"我将我享,爰有事于明堂;载祷载祈,肃致忱于楚帝。"上(宋理宗)自改为"上帝"。楚,张邦昌逆号也。凡代王言,不可不谨。

(二十八)

《朱子语类》卷百四十云:举南轩诗云:"卧听急雨打芭蕉。"先生曰:"此句不响。"曰:"不若作'卧闻急雨到芭蕉'。"

(二十九)

宋洪迈《容斋随笔》云:妇人呼夫之兄为伯,于书无所载。予顷使金国时,辟景孙弟辅行,弟妇在家许斋醮。及还家赛愿,予为作青词云:"顷因兄伯出使,夫婿从行。"虽借《陈平传》"兄伯"之语,而自不以为然。偶忆《尔雅·释亲篇》曰:"妇称夫之兄为兄公。"于是改"兄伯"为"兄公"。

(三十)

《后汉书》卷七十七《酷吏传》云:张俭剖曹节之墓。

  树达按:何焯《义门读书记》曰:"以《党锢》《宦者》二传参考,乃侯览,非曹节也。且未葬,但可言坏,不得言剖。"

（三十一）

宋王应麟《困学纪闻》卷十七引刘梦得《叹牛诗》云：晋宣尸居魏臣怠。注引阎若璩云：《晋宣帝纪》："李胜来候疾，退告曹爽曰：'司马公尸居余气，形神已离，不足虑也！'故爽等不复设备。"

树达按：何焯云："晋宣于时亦魏臣也，韩柳必无此。"全祖望云："当改云：'马懿尸居曹爽怠。'"

（三十二）

清王士禛《古夫于亭杂录》卷三云：虞伯生《送袁伯长扈驾上都诗》中联云："山连阁道晨留辇，野散周庐夜属橐。"以示赵承旨。子昂曰："美则美矣，若改山为天，野为星，则尤美。"虞深服之。盖炼字炼句之法与篇法并重，学者不可不知，于此可悟三昧。

（三十三）

清顾嗣立《寒厅诗话》云：张橘轩诗："半篙流水夜来雨，一树早梅何处春？"元遗山曰：佳则佳矣，而有未安。既曰一树，乌得为何处，不如改一树为几点，便觉飞动。

（三十四）

又云：萨天锡诗："地湿厌闻天竺雨，月明来听景阳钟。"道园见之，曰：诗信佳矣，但有一字不稳。闻与听字义同，盍改闻作看，唐人"林下老僧来看雨"，又有所出矣。

（三十五）

清焦循《易余籥录》卷十六云：丹徒蒋春农舍人（按蒋名宗海）为人作家传，称嫡母视庶子如己子，当时颇讥诮之，以为宜云"如己出"，舍人无以辨也。

树达按：焦氏云："《唐书·藩镇传·田季安传》云：'母微贱，公主命为己子。'公主其嫡母也，则舍人固不误。"树达按：焦说非也。视庶子如己子，作者谓如己所生也。命为己子，但名义上视为己所有之子，非谓命为己所生也。如谓视庶子如己名义上之子，不亦滑稽可笑乎！又《左传》隐公三年云："其娣戴妫，生桓公，庄姜以为己子"，不必引《唐书》。

（三十六）

清孙星衍《仪郑堂遗文序》引孔广森《与朱沧湄书》云：骈体文第一取音节近古。庾子山文："落花与芝盖齐飞，杨柳共春旂一色。"若删去"与""共"字，便成俗响。陈检讨其年句云："四围皆王母灵禽，一片悉嫦娥宝树。"此调殊恶。在古人宁以两"之"易"灵""宝"

二字也。

（三十七）

　　清阮葵生《茶余客话》卷一云：吾乡程嗣立风衣好结纳名流，视黄金如土，晚作诗云："满头白发来偏早，到手黄金去已多。"周白民振采改"到"字作"信"字，徐笠山庭槐以为一字师。

（三十八）

　　《双竹居杂话》云：沈文肃公葆桢，年少时颇跌宕不得所，相传其早年有《咏新月》诗云："一钩已足明天下，何必清辉满十分。"其蕴负约略见之矣。后林文忠为易"何必"之"必"字为"况"，仅此一字，便有霄壤之别。老成硕望，吐属固自不同。

乙　改句

（一）

　　《左传》襄公二十五年云：丁丑，崔杼立而相之，庆封为左相，盟国人于太宫，曰："所不与崔、庆者……"晏子仰天叹曰："婴所不唯忠于君利社稷者是与，有如上帝。"乃歃。杜注云：盟书云："所不与崔、庆者，有如上帝。"读书未终，晏子抄答易其辞，因自歃。

（二）

《左传》襄公二十六年云：楚子、秦人侵吴，遂侵郑。五月，至于城麇。郑皇颉戍之，出与楚师战，败，穿封戌囚皇颉，楚人以皇颉归。印堇父与皇颉戍城麇，楚人囚之以献于秦。郑人取货于印氏以请之。子大叔为令正，（杜注云：主作辞令之正。按：正，长也。）以为请，子产曰："不获。（谓大叔辞以货请印堇父，必不得。）受楚之功而取货于郑，不可谓国，秦不其然。若曰：'拜君之勤，郑国微君之惠，楚师其犹在敝邑之城下'，其可。"弗从，遂行，秦人不予。更币，从子产，而后获之。（杜注云：更遣使，执币，用子产辞，乃得堇父。）

（三）

《公羊传》庄公七年云：夏四月辛卯夜，恒星不见；夜中，星霣如雨。……如雨者何？如雨者，非雨也。非雨则曷为谓之如雨？不脩《春秋》曰："雨星，不及地尺而复。"君子修之，曰："星霣如雨。"

> 树达按：《论衡·艺增篇》云："如雨者，如雨状也。山气为云，上不及天，下而为云，雨星星陨，不及地上复在天，故曰如雨，孔子正言也。夫星陨或时至地，或时不能，尺丈之数难审也。《史记》言尺，亦以太甚矣。夫地有楼台山陵，安得言尺，孔子言如雨，得其实矣。"

（四）

《左传》昭公元年云：冬，楚公子围将聘于郑，伍举为介，未出竟，闻王有疾而还。伍举遂聘。十一月己酉，公子围至，入问王疾，缢而弑之。使赴于郑，伍举问应为后之辞焉，对曰："寡大夫围。"伍举更之曰："共王之子围为长。"

树达按："共王之子围为长，"此明围之嗣立为合理也。但云"寡大夫围"，则无此意矣。

（五）

唐刘知几《史通》卷六《叙事篇》云：《公羊传》称："郤克眇，季孙行父秃，孙良夫跛。齐使跛者逆跛者，秃者逆秃者，眇者逆眇者。"盖宜除"跛者"以下句，但云："各以其类逆"，必事加再述，则于文殊费，此为烦句也。

树达按：刘氏此议非也。夫齐人类逆，事本滑稽，故传文特作烦言，以增兴趣，若如刘氏所改，文词虽省，韵味索然矣。魏伯子《论文》云："如刘说，简则简矣，于神情特不生动。"是也。

（六）

《史通》卷十六《杂说篇》云：汉书载子长《与任少卿书》，历说自古述作皆因患而起，末云："不韦迁蜀，世传《吕览》。"案吕氏之修撰也,广招俊客,比迹春陵,共集异闻,拟书荀孟,思刊一字,购以千金,则当时宣布,为日久矣,岂以迁蜀之后方始传乎!且必以身既流移,书方见重,则又非关作者本因发愤著书之义也;而辄引以自喻,岂其伦乎!若要多举故事,成其博学,何不云:"虞卿穷愁,著书八篇",而曰:"不韦迁蜀,世传《吕览》。"斯盖识有不该,思之未审耳。

(七)

《晋书》卷九十六《列女·王凝之妻谢氏传》云:谢氏字道韫,安西将军奕之女也。尝内集,俄而雪骤下。(叔父)安曰:"何所似也?"安兄子朗曰:"散盐空中差可拟。"道韫曰:"未若柳絮因风起。"安大悦。

(八)

宋张耒《明道杂志》云:元祐中袷享,诏南京张安道陪祠,安道因苏子由托某撰《辞免及谢得请表》,余撰去。后见张公表到,悉用余文,独表内有一句云:"邪正昭明。"改之云:"民物阜安。"意不欲斥人为邪也。

(九)

《朱子语类》卷百三十九云:欧公文多是修改到妙处。顷有人买得他《醉翁亭记》原稿,初说"滁州四面有山",凡数十字,末后改定,只曰"环滁皆山也"五字而已。

(十)

宋何薳《春渚纪闻》卷七云:薳尝于欧阳文忠公诸孙望之处得东坡先生数诗稿,其和欧叔弼诗云:"渊明为小邑,"继圈去"为"字,改作"求"字;又连涂"小邑"二字,作"县令"字,凡三改乃成今句。至"胡椒铢两多,安用八百斛?"初云:"胡椒亦安用?乃贮八百斛?"若如初语,未免后人疵议。又知,虽大手笔,不以一时笔快为定而惮屡改也。

(十一)

宋费衮《梁溪漫志》卷六云:蜀中石刻东坡文字稿,《乞校正陆贽奏议上进剳子》云:"但其不幸,所事暗君。"改"所事暗君"作"仕不遇时"。《获鬼章告裕陵文》,初云:"报谷吉之冤,远同强汉;雪渭水之耻,尚陋有唐。"皆涂去,乃用此二事别作一联云:"颉利成擒,初无渭水之耻;郅支授首,聊报谷吉之冤。"

(十二)

宋费衮《梁溪漫志》卷五云:陈去非(与义)草义阳朱丞相(胜非)《起复制》云:"眷予次辅,方宅大忧。"有以"宅忧"为言者,令綮处厚贴麻，去非待罪。綮改云："方服私艰。"

树达按：《尚书·说命篇》云："王宅忧。"言者意谓原文用于天子，人臣不当用也。

（十三）

清章学诚《乙卯剳记》云：《汉书·昌邑王传》："即位后，梦青蝇之矢积西阶东，可五六石，以屋版瓦覆，发视之，青蝇矢也。"按文繁复而无当。宜改上句云："梦有物积西阶东。"接其下云云，则文省而事理益明矣。

（十四）

清章学诚《文史通义》卷五《古文公式篇》云：汪钝翁（按汪名琬）撰《睢州汤烈妇旌门颂序》云："睢州诸生汤某妻赵氏，值明末李自成之乱"云云，是未善。当云："故明睢州诸生汤某妻赵氏，值李自成之乱，"于辞为顺。盖突起似现在之人，下句补出值明末李自成，文气亦近滞也。

（十五）

清洪亮吉《晓读书斋初录》卷下云：吾乡有孟渎河通大江，唐元和中常州刺史孟简所浚。州人德之，因名孟渎。《新唐书》简本传云：州有孟渎。久淤，简治导，溉田凡四千顷。书法非是。当云：

州北有渎久淤，简治导，溉田凡四千顷，州人遂名为孟渎。方得其实。盖汉《沟洫志》称郑渠白渠，事后称之，即其例也。

（十六）

清朱孔彰《题江南曾文正祠百咏》云：公使幕客拟荐武员一疏，状其赳桓，数行未了，公援笔易"帕首鞬刀，楚衣短制"二语，意便足。

二、增益

甲 增字

（一）

《朱子语类》云：欧阳永叔作《昼锦堂记》云："仕宦至将相，富贵归故乡，此人情之所荣，今昔之所同也。"后增二字作"仕宦而至将相，富贵而归故乡。"

树达按：增二而字，则"仕宦""富贵"语意加重，全文意思加多矣。

（二）

宋王铚《默记》卷下云：熙宁初，欧公作史照《岘山亭记》，以示章子厚。子厚读至"元凯铭功于二石，一置兹山，一投汉水，"曰："一置兹山，一投汉水，"亦可。然终是突兀。惇欲改曰："一置兹山之上，一投汉水之渊，"为中节。文忠公喜而用之。

（三）

宋费衮《梁溪漫志》卷六云：蜀中石刻东坡文字稿《乞校正陆贽奏议上进剳子》云："以猜忌为术，而贽劝之以推诚；好用兵，而贽以消兵为先；好聚财，而贽以散财为急。"后于逐句首皆添注"德宗"二字。

乙 增句

（一）

《晋书》卷九十二《文苑·袁宏传》云：宏从桓温北征，作《北征赋》。尝与王珣伏滔同在温坐，温令滔读其《北征赋》，至"闻所闻于相传，云获麟于此野；诞灵物以瑞德，奚授体于虞者？疚尼父之恸泣，似实恸而非假；岂一性之足伤，乃致伤于天下。"其本至此便改韵。珣云："此赋方传千载，无容率尔。今于'天下'之后移韵徙事,然于写送之致,似为未尽。"滔云:"得益'写'韵一句,或为小胜。"温曰:"卿思益之!"宏应声答曰:"感不绝于余心,愬流风而独写。"珣诵味久之,谓滔曰:"当今文章之美,故当共推此生!"

　　树达按:此事又见《世说新语·文学篇》注。《北征赋》今不存,断句见严可均辑《全晋文》卷五十七。

(二)

　　昔王珣《孝武帝哀册》略云:"自罹旻凶,秋冬代变,帷幕空张,肴俎虚荐。极听无闻,详视罔见。"云云。《南史》卷二十三《王诞传》云:晋孝武帝崩,从叔尚书令珣为哀策,出本示诞,曰:"犹恨少序节物。"诞揽笔,便益之,接其"秋冬代变"后云:"霜繁广除,风回高殿。"珣叹美,因而用之。

　　树达按:哀册全文见《全晋文》卷二十。

(三)

　　《南史》卷三十二《张融传》云:融作《海赋》,文辞诡激,独与众异。后以示顾恺之,恺之曰:"卿此赋实超玄虚,但恨不道盐耳。"融即求笔注曰:"漉沙构白,熬波出素。积雪中春,飞霜暑路。"此四句后所足也。

　　树达按:《海赋》全文见《全齐文》卷十五。清张云璈《四寸学》卷六云:"漉沙构白",似是今淮北之晒盐。

（四）

唐刘知几《史通》十六《杂说上篇》云：司马迁之叙传也，始自初生，及乎行历，事无巨细，莫不备陈，可谓审矣，而竟不书其字。班固仍其本传，了无损益，此又韩子所以致守株之说也。如固之为迁传也，其初宜云："迁字子长，冯翊阳夏人，其序曰"云云。至于事终，则言其自叙如此，著述之体不当如是耶！

（五）

宋陆游《老学庵笔记》卷一云：晏尚书景初作一士大夫墓志，以示朱希真，希真曰："甚妙，但似欠四字耳，然不敢以告。"景初苦问之，希真指"有文集十卷"字下曰："此处欠。"又问："欠何字？"曰："当增'不行于世'四字。"景初遂增"藏于家"三字，实用希真意也。

（六）

《后汉书》卷九十七《范滂传》云：建宁二年，遂大诛党人，诏下，急捕滂等。督邮吴导至县，抱诏书闭传舍，伏床而泣。滂闻之，曰："必为我也。"即自诣狱。县令大惊，出，解印绶，引与俱亡，曰："天下大矣！子何为在此？"滂曰："滂死则祸塞，何敢以罪累君！又令老母流离乎！"其母就与之诀，滂白母曰："仲博孝敬足以供养，滂从龙舒君归黄泉,存亡各得其所,惟大人割不可忍之恩,勿增感戚!"母曰:"汝今得与李、杜齐名,(李膺、杜密)死亦何恨!既有令名,复求寿考,可兼得乎?"滂跪受教,再拜而辞,顾谓其子曰:"吾欲使汝为恶,则恶不可为;使汝为善,则我不为恶。"行路闻之,莫不流涕。清王鸣盛《十七史商榷》云:《后汉书·范滂传》叙至"滂就逮辞母母训滂"之下,宜补一句,云:"滂竟被害。"然后继以"行路闻之,莫不流涕"云云。

三、删削

甲　删字

(一)

《吕氏春秋》卷一《贵公篇》云:荆人有遗弓者,而不肯索,曰:"荆人遗之,荆人得之,又何索焉?"孔子闻之,曰:"去其'荆'而可矣。"

树达按:《说苑·至公篇》云:楚共王出猎而遗其弓,左右请求之,共王曰:"止!楚人遗弓,楚人得之,又何求焉?"仲尼闻之,曰:"惜乎!其不大也!亦曰:'人遗弓,人得之'而已。何必'楚'也!"

事又见《公孙龙子·迹府篇》及《孔子家语·好生篇》。

（二）

唐刘知几《史通》卷六《叙事篇》云：《汉书·张苍传》云："年老，口中无齿。"盖于此一句之内，去"年"及"口中"可矣。夫此六文成句，而三字妄加，此为烦字也。

乙　删句

（一）

严可均《全晋文》一百二引陆士龙与兄平原书云：《二祖颂》甚为高伟，然意故复谓之微多"民不辍叹"一句，谓可省。

树达按：《二祖颂》，《全晋文》未见。

（二）

唐刘知几《史通》卷十五《点烦篇》云：《孔子家语》曰："鲁公索氏将祭而忘其牲。孔子闻之，曰：'公索氏不及二年矣。'一年而亡。门人问曰：'昔公索氏亡其祭牲，而夫子曰：不及二年，必亡。今果如期而亡。夫子何以知然？'"宜除二十四字。

树达按：谓当删"昔公索氏亡其祭牲"至"今果如期而亡"三句二十四字也。

（三）

《史通》十六《杂说上篇》云：《史记·邓通传》云："文帝崩，景帝立。"向若但云"景帝立"，不言"文帝崩"，斯亦可知矣，何用兼书其事乎！

（四）

宋陈善《扪虱新话》卷六云：蔡君谟（襄）作《泉州万安渡石桥记》，文字极简古。然予谓剩却八言。盖既言"其长二千六百尺，翼以扶栏"矣，不当又言"如其长之数而两之。"此八字为赘。

树达按：蔡文见《宋文鉴》卷七十九。

（五）

《史记》卷九十九《叔孙通传》云：孝惠帝为东朝长乐宫及间往，数跸，烦人，乃作复道，方筑武库南。叔孙生奏事，因请间，曰："陛下何自筑复道？高寝衣冠月出游高庙。高庙，汉太祖，奈何令后世子孙乘宗庙道上行哉？"孝惠帝大惧，曰："急坏之！"叔孙生曰："人主无过举。今已作，百姓皆知之。今坏此，则示有过举。愿陛下为原庙渭北，衣冠月出游之。益广多宗庙，大孝之本也。"上乃诏有司立原庙。原庙起以复道故。

树达按：元王若虚《史记辨惑》卷七云：叔孙通以惠帝作

复道,劝之立原庙,上乃诏有司立之,则立庙之由已自见矣,而复云:"原庙起以复道故,"此句安用哉!《前汉》削之,当矣。又按:复道行空,故云乘宗庙道上行也。

四、颠倒

(一)

宋陈善《扪虱新话》卷八云:王荆公尝读杜荀鹤雪诗云:"江湖不见飞禽影,岩谷惟闻折竹声。"改云:"宜作'禽飞影,竹折声'。"又王仲至《试馆职诗》云:"日斜奏罢《长杨赋》,闲拂尘埃看画墙。"公为改云:"奏赋《长杨》罢,"云:"如此语健。"

(二)

元王若虚《滹南遗老集》卷三十三(《谬误杂辨》)云:《史记》言四皓定太子事云:"留侯本招此四人之力",当作"本留侯。"《通鉴》称苻坚喜王猛诛诸豪强云:"吾始今知天下之有法",当作"今始"。郭从谨言于唐明皇云:"草野之臣必知有今日",当作"知必。"权德舆论光武封子密事云:"反乃爵以通侯",当作"乃反"。

（三）

清姚范《援鹑堂笔记》卷四十四方东树按语云：潘岳《西征赋》："匪祸降之自天。"何义门编修移为"降祸"。遂觉意与句法增重。

（四）

闻诸先辈云：平江李次青元度本书生，不知兵。曾国藩令其将兵作战，屡战屡败。国藩人怒，拟奏文劾之，有"屡战屡败"语。曾幕中有为李缓颊者，倒为"屡败屡战"，意便大异。

（五）

傅熊湘《钝安胜录》卷一云：吴晦悔（恭亨）庚子年尝撰一墓铭，写质王葵园，明日发还，于铭辞"深谷高陵，此阡不磨"句，乙为"陵深谷高"，忽若苍劲无伦。前辈之炉锤不苟，至可想见。

第四章 变化

古人缀文,最忌复沓。刘勰之论练字也,戒同字相犯,是其事也。欲逃斯病,恒务变文。《左氏传》于同一篇中称举同一人者,名字号谥,错杂不恒,几于令人迷惑,斯为极变化之能事者矣。

一、能动的变化

甲 名词

子 私名

天 人名

（一）

《左传》僖公元年云：冬,莒人来求赂,公子友败诸郦,获莒子之弟挐。非卿也,嘉获之也。公赐季友汶阳之田及费。

　　　　树达按:季友即公子友也。

(二)

　　又僖公十年云:丕郑之如秦也,言于秦伯曰:"吕甥、郤称、冀芮实为不从。若重问以召之,臣出晋君,君纳重耳,蔑不济矣。"冬,秦伯使泠至报问,且召三子。郤芮曰:"币重而言甘,诱我也。"

　　　　树达按:郤芮即上文之冀芮也。

(三)

　　又僖公十五年云:晋侯使郤乞告瑕吕饴甥,且召之。子金教之言曰:"朝国人,而以君命赏。"且告之曰:"孤虽归,辱社稷矣。其卜贰圉也!"众皆哭。晋于是乎作爰田。吕甥曰:"君亡之不恤而群臣是忧,惠之至也。将若君何?"

　　　　树达按:子金即瑕吕饴甥,其字也。又称吕甥。

(四)

　　又僖公十七年云:齐侯之夫人三,王姬、徐嬴、蔡姬,皆无子。齐侯好内,多内宠,内嬖如夫人者六人:长卫姬,生武孟;少卫姬,生惠公;郑姬,生孝公;葛嬴,生昭公;密姬,生懿公;宋华子,生公子雍。公与管仲属孝公于宋襄公,以为太子。雍巫有宠于卫共姬,

— 048 —

因寺人貂以荐羞于公，亦有宠，公许之立武孟。管仲卒，五公子皆求立。冬十月乙亥，齐桓公卒。易牙入，与寺人貂因内宠以杀群吏，而立公子无亏，孝公奔宋。

树达按：卫共姬即长卫姬，公子无亏即武孟，易牙即雍巫，皆一人二称。

（五）

又僖公二十四年云：狄人归季隗于晋而请其二子。文公妻赵衰，生原同、屏括、楼婴。赵姬请逆盾与其母，子余辞。

树达按：子余，赵衰字也。

（六）

又宣公四年云：初，楚司马子良生子越椒，子文曰："必杀之！是子也，熊虎之状而豺狼之声。弗杀，必灭若敖氏矣。谚曰：'狼子野心。'是乃狼也，其可畜乎！"子良不可，子文以为大慼。及将死，聚其族曰："椒也知政，乃速行矣！无及于难！"且泣曰："鬼犹求食，若敖氏之鬼，不其馁而！"及令尹子文卒，斗般为令尹，子越为司马，蒍贾为工正，谮子扬而杀之。子越为令尹，己为司马。子越又恶之，乃以若敖氏之族圄伯嬴于辚阳而杀之，遂处烝野。将攻王，王以三王之子为质焉，弗受，师于漳澨。秋七月戊戌，楚子与若敖氏战于皋浒，伯棼射王汰辀，鼓跗，著于丁宁；又射汰辀，以贯笠毂。师惧，退。王使巡师曰："吾先君文王克息，获三矢焉，伯棼窃其二，尽于是矣。"鼓而进之，遂灭若敖氏。

  树达按：越椒，椒，子越，伯棼，同一人也，四称。斗般，子扬，同一人也，二称。蔿贾，伯嬴，同一人也，亦二称。

（七）

又襄公六年云：宋华弱与乐辔少相狎，长相优，又相谤也。子荡怒，以弓梏华弱于朝。

  树达按：子荡即乐辔也，变称。

（八）

又襄公九年云：冬十月，诸侯伐郑。庚午，季武子、齐崔杼、宋皇郧，从荀罃、士匄，门于鄟门，卫北宫括、曹人、邾人，从荀偃、韩起，门于师之梁，滕人、薛人，从栾黡、士鲂，门于北门，杞人、郳人，从赵武魏绛斩行栗。甲戌，师于氾。令于诸侯曰："修器备，盛糇粮，归老幼，居疾于虎牢，肆眚！"围郑，郑人恐，乃行成。中行献子曰："遂围之，以待楚人之救也，而与之战。不然无成。"知武子曰："许之盟而还师以敝楚人。吾三分四军与诸侯之锐以逆来者，于我未病，楚不能矣，犹愈于战。暴骨以逞，不可以争。大劳未艾，君子劳心，小人劳力，先王之制也。"诸侯皆不欲战，乃许郑成。

  树达按：中行献子即上文之荀偃，知武子即上文之荀罃也。
  又按：章学诚《文史通义》卷四《繁称篇》云："尝读《左氏春秋》

而苦其书人名字不为成法也。夫幼名，冠字，五十以伯仲，死谥，周道也，此则称于礼文之言，非史文述事之例也。《左氏》则随意杂举而无义例，且名字谥行以外，更及官爵封邑焉。一篇之中，错出互见，苟非注释相传有受授，至今不识为何如人。是以后世史文莫不钻仰《左氏》，而独于此事不复相师也。"按以实用言之，章说诚是矣。然作《左氏传》者意在求美，后人之误解与否，非所计及，其求美之意之切，亦可推见矣。

（九）

金文《公贸鼎》云：叔氏吏（使）贫安暨白（伯），宾贫马辔乘，公贸用□休鲜，用乍（作）宝彝。

树达按：贫与公贸为一人，名贫字公贸也。

地　国名

《孟子·梁惠王下篇》云：惟仁者为能以大事小，是故汤事葛，文王事昆夷。惟智者为能以小事大，故太王事獯鬻，句践事吴。

树达按：王国维《观堂集林》卷十三《鬼方昆夷玁狁考》云："据《大雅·绵诗》本文，则太王所事正是混夷。此《诗》自一章至七章皆言太王迁都筑室之事，八章云：'柞棫拔矣，行道兑矣，混夷駾矣，维其喙矣。'亦当言太王定都之后伐木开道，混夷畏其强而惊走也。太王所喙者既为混夷，则前此所事者亦当为混夷。孟子易以獯鬻者，以上文云'文王事昆夷，'故以异名同实之獯鬻代之，临文之道，不得不尔也。"

人　氏名

《史记》卷三十二《齐太公世家》云：子我盟诸田于陈宗。

　　树达按：下文云："所不杀子者，有如田宗，"彼言田宗，则陈宗为变文明矣。

物　地名

《史记》卷九十五《樊哙传》云：攻赵贲，下郿，槐里，柳中，咸阳，灌废丘，最。

　　树达按：《索隐》云："废丘即槐里也。初言槐里，称其新名，后言功最，是重举，不欲再见其文，故因旧称废丘也。"

丑　公名

（一）

《易·蛊卦》云：干父之蛊，有子，考无咎。

　　树达按：考即父也。

（二）

《诗·小雅·六月》云：王于出征，以佐天子。

　　树达按：言王又言天子，天子即王也。

（三）

《左传》襄公三年云：祁奚请老，晋侯问嗣焉，称解狐，其雠也，将立之而卒。又问焉，对曰："午也可。"（午，祁奚子。）于是羊舌职死矣，晋侯曰："孰可以代之？"对曰："赤也可。"于是祁午为中军尉，羊舌赤佐之。（赤，职之子伯华。）君子谓祁奚于是能举善矣。称其雠，不为谄；立其子，不为比；举其偏，不为党。《商书》曰："无偏无党，王道荡荡"，其祁奚之谓矣。解狐得举，祁午得位，伯华得官，建一官而三物成，能举善也。

树达按：《正义》云：官位一也，变文相避耳。

（四）

《左传》昭公三年云：晋韩起如齐逆女，公孙虿为少姜之有宠也，以其子更公女而嫁公子。

树达按：公女即公子也，变文耳。

（五）

《左传》昭公十六年云：宣子有环，其一在郑商，宣子谒诸郑伯，子产弗与。韩子买诸贾人，既成贾矣。商人曰："必告君大夫。"韩子请诸子产曰："日起请夫环，执政弗义，弗敢复也。今买诸商人，商人曰：'必以闻。'敢以为请。"

树达按：孔疏云："贾人即商人也。行曰商，坐曰贾，对文虽别，散则不殊：故商贾并言之。"树达按：此变文以辟复也。

（六）

　　《左传》昭公二十五年云：简子曰："敢问：何谓礼？"对曰："吉也闻诸先大夫子产曰：'夫礼，天之经也，地之义也，民之行也。'天地之经而民实则之，则天之明，因地之性。"

　　树达按：杜注云："经者，道之常。"孔疏云："此传文于天言常，则地亦常也；于地言义，则天亦义也。复言天地之经，明天地皆有常也。"天有常明之义，地有常利之义也。既言天之经，不可复言地之经，故变文称义。既言则天之明，不可复言则地之性，故变文言因；因之与则，互相通也，正是变文使相避耳。

（七）

　　《礼记》二十一《杂记下篇》云：升正柩，诸侯，执绋五百人。大夫之丧，其升正柩也，执引者三百人。

　　树达按：郑注云："升正柩者，谓将葬朝于祖，正棺于庙也。绋引同耳，庙中曰绋，在涂曰引，互言之。"又按此节文仅二十五字，其变化至多。绋引变文，一也。大夫云"大夫之丧"，而诸侯不云"之丧"，二也。诸侯先云"升正柩"，后言"诸侯"；大夫则先云"大夫之丧"，后云"升正柩"，三也。因叙述先后不同，故大夫云"其升正柩也"而诸侯但云升正柩，四也。"执引"下有"者"字,"执绋"下无之,五也。

(八)

《礼记》二十五《祭统篇》云:天子亲耕于南郊以共齐盛,王后蚕于北郊以共纯服;诸侯耕于东郊,亦以共齐盛,夫人蚕于北郊以共冕服。

　　树达按:郑注云:"纯服亦冕服也,互言之尔。纯以见缯色,冕以着祭服。"

(九)

《周礼·地官·大司徒》云:以土宜之法辨十有二土之名物,以相民宅而知其利害,以阜人民,以蕃鸟兽,以毓草木,以任土事。辨十有二壤之物而知其种,以教稼穑树艺。

　　树达按:郑注云:壤亦土也,变言耳。

(十)

《穀梁传》隐公元年云:公何以不言即位?成公志也。焉成也?言君之不取为公也。君之不取为公,何也?将以让桓也。

　　树达按:范注云:"公,君也。上言君,下言公,互辞。"

（十一）

《国语·楚语》云：观射父曰："天子禘郊之事，王后必自舂其粢；诸侯宗庙之事，夫人必自舂其盛。"

树达按：韦昭注云："器实曰粢，在器曰盛。"上言粢，下言盛，互其文也。

（十二）

《国策》卷二十六《韩策》云：大王事秦，秦必求宜阳成皋，今兹效之，明年又益求割地。

树达按：今兹谓今年也。

（十三）

《国策·赵策》云：赵以七败之余，收破军之弊。

（十四）

《管子·小匡篇》云：戎车待游车之弊，戎士待臣妾之余。

树达按：王念孙云："弊亦余也。"详见《经义述闻·周礼》。

（十五）

《淮南子·主术篇》云：兵莫憯于志，而莫邪为下；寇莫大于阴阳，而桴鼓为小。

树达按：高注云：寇亦兵也。

（十六）

又云：夫寸生于粟，粟生于日，日生于形，形生于景，此度之本也；乐生于音，音生于律，律生于风，此声之宗也。

树达按：高注云：宗亦本也。

（十七）

又《说林篇》云：绦可以为繶，不必以紃。

树达按：高注云：紃亦繶。

（十八）

《汉书》卷三十四《黥布传》云：前年杀彭越，往年杀韩信。

树达按：张晏云：往年与前年同耳，文相避也。

（十九）

《汉书》卷九十七《外戚·史皇孙王夫人传》云：媪（王媪）言："名妾人，家本涿郡蠡吾平乡，年十四，嫁为同乡王更得妻；更得死，嫁为广望王乃始妇。"

树达按：上言妻，下言妇。

乙 代名词

子 自称

（一）

《书·大诰》云：我有大事休，朕卜并吉。

树达按：我朕并用。

（二）

又云：予惟往求朕攸济。

树达按：予朕并用。

（三）

又云：越予冲人，不卬自恤。

（四）

又云：肆予曷敢不越卬敉宁王大命！

　　树达按：上二例予卬并用。

（五）

又《仲虺之诰》云：予恐来世以台为口实。

　　树达按：予台并用。

（六）

又《盘庚中篇》云：予念我先神后之劳尔先。

　　树达按：予我并用。

（七）

《诗·邶风·匏有苦叶篇》云：人涉卬否，卬须我友。

　　树达按：卬我皆吾也。

（八）

《论语》五《公冶长篇》云：子贡曰："我不欲人之加诸我也，吾亦欲无加诸人。"

(九)

又六《雍也篇》云：季氏使闵子骞为费宰，闵子骞曰："善为我辞焉！如有复我者，则吾必在汶上矣。"

(十)

又七《述而篇》云：子曰："二三子以我为隐乎？吾无隐乎尔。吾无行而不与二三子者，是丘也。"

(十一)

又九《子罕篇》云：太宰问于子贡曰："夫子圣者与？何其多能也！"子贡曰："固天纵之将圣，又多能也。"子闻之，曰："太宰知我乎！吾少也贱，故多能鄙事。君子多乎哉！不多也。"

(十二)

又云：吾有知乎哉？无知也。有鄙夫问于我，空空如也，我叩其两端而竭焉。

（十三）

又十七《阳货篇》云：夫召我者，而岂徒哉？如有用我者，吾其为东周乎！

（十四）

《左传》庄公十年云：伐我，吾求救于蔡而伐之。

（十五）

《庄子·齐物论》云：今者吾丧我。

（十六）

《汉书》卷四十九《爰盎传》云：吾与汝兄善，今儿乃毁我。

（十七）

《左传》桓公六年云：我张吾三军而被吾甲兵。

（十八）

《孟子·公孙丑篇》云：我善养吾浩然之气。

（十九）

又云：彼以其富，我以吾仁；彼以其爵，我以吾义。

（二十）

《汉书》卷三十九《萧何传》云：相国为民请吾苑，不许，我不过为桀纣主，而相国为贤相。吾故系相国，欲令百姓闻吾过。

树达按：以上诸例皆吾我并用。

（二十一）

《庄子·秋水篇》云：今予动吾天机而不知其所以然。

树达按：此例予吾并用。

丑　对称

（一）

《书·盘庚上篇》云：汝猷黜乃心，无傲从康！

树达按：汝乃并用。

(二)

《诗·小雅·巷伯篇》云:岂不尔受,既其女迁。

树达按:尔女并用。

(三)

《左传》宣公十五年云:余,而所嫁妇人之父也,尔用先人之治命,余是以报。

树达按:尔而并用。

(四)

又昭公六年云:女丧而宗室,于人何有?

树达按:女而并用。

(五)

《礼记》三《檀弓上篇》云:子夏丧其子而丧其明,曾子吊之,曰:"吾闻之也,朋友丧明,则哭之。"曾子哭,子夏亦哭,曰:"天乎!予之无罪也!"曾子怒曰:"商!汝何无罪也!吾与汝事夫子于洙泗之间,退而老于西河之上,使西河之民疑汝于夫子,尔罪一也;丧尔亲,使民未有闻焉,尔罪二也;丧尔子,丧尔明,尔罪三也。而曰汝何无罪欤!"

树达按:尔汝二字并用。

(六)

《礼记》二十五《祭统篇》云:若纂乃考服。

树达按:注云:"若乃犹女也。"按若乃义同变用。

(七)

《史记》卷六十五《孙子吴起传》云:汝知而心左右手背乎?

树达按:汝而变用。

(八)

又卷七十《张仪传》云:始吾从若饮,我不盗而璧,若笞我。若善守汝国,我顾且盗而城!

树达按:若而汝并用。

(九)

又卷四十一《越世家》云:子胥大笑曰:"我令而父霸,我又立若。若初欲分吴国半予我,我不受已,今若反以谗诛我。"

树达按:而若并用。

寅　他称

《汉书》卷四十八《贾谊传》云：彼且为我死，故吾得与之俱生；彼且为我亡，故吾得与之俱存；夫将为我危，故吾得与之皆安。

树达按：彼夫变用。

丙　动词

（一）

《诗·小雅·采薇篇》云：彼尔维何？维常之华；彼路斯何？君子之车。

树达按：维与斯皆为也。

（二）

《左传》襄公二十五年云：赋车籍马。

树达按：孔疏云："赋与籍俱是税也，税民之财，使备车马，因车马之异，故别为其文。"

（三）

《左传》昭公元年云：赵孟视荫，曰："朝夕不相及，谁能待五？"后子出而告人曰："赵孟将死矣。主民，玩岁而愒日，其与几何！"

树达按：杜注云："玩愒皆贪也。"

（四）

《左传》昭公四年云：申无宇曰："楚祸之首，将在此矣。召诸侯而来，伐国而克，城竟莫校，王心不违，民其居乎？民之不处，其谁堪之？不堪王命，乃祸乱也。"

树达按："处"与"居"同义，变文以避复耳。

（五）

《左传》昭公二十六年云：在礼：家施不及国，民不迁，农不移，工贾不变。

树达按：迁移变义同。

（六）

《论语》九《子罕篇》云：牢曰："子云：'吾不试，故艺。'"

树达按：上言曰，下言云，曰云同义。

（七）

《淮南子·原道篇》云：音之数不过五，而五音之变不可胜听也；味之和不过五，而五味之化不可胜尝也。

树达按：高注云："化亦变也。"

（八）

又《俶真篇》云：夫疾风教木，而不能拔毛发。

  树达按：高注云："教亦拔也。"

（九）

又《精神篇》云：是故忧患不能入也，而邪气不能袭。

  树达按：高注云："袭亦入也。"

（十）

又《道应篇》云：善治国家者，不变其故，不易其常。

  树达按：变易义同。

（十一）

又《说山篇》云：象解其牙，不憎人之利之也；死而弃其招簀，不怨人取之。

  树达按：高诱注云："怨亦憎，变文耳。"树达按：高特于此言变文以起例，知注凡言某亦某者皆变文也。

（十二）

又《说山篇》云：膏之杀鳖，鹊矢中猬。

  树达按：高注云："中亦杀也。"

（十三）

又《说林篇》云：跖越者或以舟，或以车，虽异路，所极一也。

  树达按：高注云："跖，至也。极亦至，互文耳。"

丁　状词

（一）

《仪礼·士冠礼》云：始加，祝曰："令月吉日，始加元服。"

（二）

又云：再加，曰："吉月令辰，乃申尔服。"

  树达按：吉令皆善也。

（三）

《论语》十三《子路篇》云：为君难，为臣不易。

（四）

《淮南子·氾论篇》云：存亡之迹若此其易知也，愚夫蠢妇皆能谕之。

树达按：高注云："蠢亦愚。"

戊　副词

（一）

《庄子·逍遥游篇》云：今子有大树，患其无用，何不树之于无何有之乡，广莫之野，彷徨乎无为其侧，逍遥乎寝卧其下？

树达按：成玄英疏云："彷徨，纵任之名；逍遥，自得之称，亦是异言一致，互其文耳。"

己　介词

（一）

《左传》宣公十二年云：楚自克庸以来，其君无日不讨国人而训之于民生之不易，祸至之无日，戒惧之不可以怠；在军，无日不讨军实而申儆之于胜之不可保，纣之百克而卒无后；训之以若敖蚡冒筚路蓝缕以启山林。

树达按：上言训之于，申儆之于；下言训之以，于亦以也，互文耳。

（二）

《大戴礼记·朝事篇》云：礼乐谓之益习，德行谓之益修，天子之命为之益行。

树达按：谓亦为也，互文耳。

（三）

《韩非子·解老篇》云：慈，于战则胜，以守则固。

树达按：老子于作以，韩非变文言之。

（四）

《史记》卷百二十五《佞幸传》云：卫青、霍去病亦以外戚贵幸，然颇用材能自进。

（五）

又卷百二十四《游侠传》云：鲁人皆以儒教，而朱家用侠闻。

（六）

《汉书》卷八十一《张禹传》云：上车驾至禹第，亲问禹以天变，因用吏民所言王氏事示禹。

　　树达按：以上三例皆以用二字并用，用亦以也。

二、被动的变化

甲　避复

（一）

　　《易·乾文言》云：子曰：君子进德修业。忠信，所以进德也；修辞立其诚，所以居业也。

　　树达按：疏云："上云进德，下复云进德；上云修业，下变云居业者，以其间有修辞之文，故避其修文而云居业。"树达按：顾炎武《日知录》卷二十一云："自汉以来，作文者即有回避假借之法。"据此例，周人记孔子语已然矣。

（二）

　　《书·尧典》云：分命羲仲，宅嵎夷，曰旸谷，寅宾出日，平秩东作，日中星鸟，以殷仲春。申命羲叔，宅南交，平秩南讹，敬致，日永星火，以正仲夏。分命和仲，宅西，曰昧谷，寅饯纳日，平秩西成，宵中星虚，以殷仲秋。申命和叔，宅朔方，曰幽都，平在朔易，日短星昴，以正仲冬。

树达按：《孔传》云："鸟，南方朱鸟七宿也。"《孔疏》云："四方皆有七宿，各成一形。东方成龙形，西方成虎形，南方成鸟形，北方成龟形。此经举宿，为文不类。春言星鸟，总举七宿；夏言星火，独指房心；虚昴惟举一宿，文不同者，互相通也。"崔适《史记探源》卷二云："孔疏言小误。若是，则总举七宿，何独于春，自有惟宜于春之故。盖火为十二次之一，若春亦举其一次，乃为鹑火，与三方之一名者不同。虚昴皆七星之中，若春亦举中星，当曰日中星星，二字同文，又与三时星名不类，故曰星鸟，此可见古人修辞之诚。"树达按：崔说甚确，犹未尽也。郑注云："星鸟，鹑火之方；星火，大火之属。"仲夏为大火之次，既可省称星火，然则鹑火亦可省称。然若省火称鹑，乃与鹑首鹑尾相混；省鹑称火，又与仲夏之星火复重。然则星鸟之文，不惟如崔说避二字之复叠，不称星星，又以避仲夏星火之文，不称星火。古人属辞之精，信可谓惨淡经营矣。

（三）

《诗·商颂·玄鸟篇》云：天命玄鸟，降而生商，宅殷土芒芒。

树达按：阎若璩《古文尚书疏证》卷四云：既云"降而生商"，下自不得云"宅商土芒芒"。易商为殷，文字宜然。按阎说是也。冯景《解春集》驳阎说，此由冯不知古人修辞术耳。按此章商芒为韵，故知言殷所以避商，故不入能动的变化而入之此。

（四）

《周礼·地官·州长》云：正月之吉，各属其州之民而读法，以考其德行道艺而劝之，以纠其过恶而戒之。若以岁时祭祀州社，则属其民而读法，亦如之。春秋，以礼会民而射于州序。

树达按：贾疏云：上云岁时，皆谓岁之四时；此云岁时，唯谓岁之二时春秋耳。春祭社，以祈膏雨，望五谷丰熟；秋祭社者，以百谷丰稔，所以报功。孙诒让《周礼正义》卷二十二云：贾说是也。州社有仲春仲秋两祭，此经不著时者，以下文云春秋会民而射于州序，变文以避重复也。

（五）

《左传》成公十六年云：蹲甲而射之，彻七札焉。

树达按：蹲，聚也。札亦甲也，变文耳。《广雅释诂》四云：札，甲也。

（六）

《国策》卷五《秦策》云：商君为孝公平权衡……功已成，遂以车裂。白起率数万之师以与楚战……功已成矣，赐死于杜邮。吴起为楚悼罢无能……功已成矣，卒支解。大夫种为越王垦草创邑……勾践终棓而杀之。此四子者，成功而不去，祸至于此。……君之功极矣。如是不退，则商君、白公、吴起、大夫种是也。

树达按：上文云白起，下文变文言白公者，避下吴起起字重见也。

（七）

《庄子·山木篇》云：吾再逐于鲁，伐树于宋，削迹于卫，穷于商周，围于陈蔡之间。

　　树达按：成玄英疏云："宋是殷后，孔子在宋及周遂不被用，故称穷也。"树达按：此文本当云穷于宋周，变文言商周者，避上文宋字之复也。

（八）

《史记》卷六十一《伯夷列传》云：伯夷叔齐虽贤，得夫子而名益彰；颜渊虽笃学，附骥尾而行益显。

　　树达按：顾炎武《日知录》卷二十一云："本当是附夫子耳，避上文雷同，改作骥尾。"

（九）

《汉书》卷六十二《司马迁传》载迁《报任少卿书》云：盖西伯拘而演《周易》；仲尼厄而作《春秋》；屈原放逐，乃赋《离骚》；左丘失明，厥有《国语》。

　　树达按：《补注》引王启原云：左丘明作《春秋内外传》，兹举《国语》，避上《春秋》字。

（十）

《后汉书》卷五十七《刘瑜传》云：且天地之性，阴阳正纪，隔绝其道，则水旱为并。

树达按：王氏《集解》引苏舆云："并即隔并，隔并见陈忠郎顗诸传，避上隔字，因省言并。"

（十一）

《魏志》卷十九《陈思王植传》云：臣闻："明主使臣，不废有罪，故奔北败军之将，用秦鲁以成其功；绝缨盗马之臣，赦楚赵以济其难。"

树达按：裴松之注云："秦穆公有赦盗马事，赵则未闻。盖以秦亦赵姓，故互文以避上秦字也。"

又按：赦盗马事见《淮南子》。《史记》卷九十七《陆贾传》云："秦任刑法不变，卒灭赵氏。"《汉书》卷六十三《燕王旦传》云："赵氏无炊火焉。"赵氏皆指秦言，是陈思所本也。

（十二）

谢灵运《述祖德诗》云：弦高犒晋师，仲连却秦军。

树达按：《日知录》卷二十一云："弦高所犒者秦师，而改为晋以避下秦字，则舛而陋矣。"树达按：弦高犒师事，见《左传》僖公三十三年。

（十三）

刘知几《史通》卷六《叙事篇》云：魏收《代史》，吴均《齐录》，或牢笼一世，或苞举一家。

　　树达按：魏收著《魏书》，而称《代史》者，避魏字之复也。吴均著《齐春秋》三十卷，见《梁书》卷四十九均本传。

（十四）

杜甫《诸将诗》云：昨日玉鱼蒙葬地，早时金碗出人间。

　　树达按：《汉武帝故事》云：邺县有一人于市货玉杯，吏疑其御物，欲捕之，因忽不见。县送其器推问，乃茂陵中物也。霍光自呼吏问之，说市人形貌如先帝。《南史》：沈炯为魏所虏，出之独行经汉武通天台，为表奏之，其略云："甲帐珠帘，一朝零落；茂陵玉碗，遂出人间。"即此事也。按杜用此事，改玉碗为金碗，以避上文玉字耳。

（十五）

欧阳修《归田录》卷一云：国家开宝中所铸钱，文曰"宋通元宝。"至宝元中，则曰"皇宋通宝。"近世钱文皆著年号，惟此二钱不然者，以年号有"宝"字，文不可重故也。

乙 避嫌

（一）

《书·舜典》云：帝曰："格！汝舜！询事考言，乃言底可绩，三载，汝陟帝位。"正月上日，受终于文祖。……二十有八载，帝乃殂落。月正元日，舜格于文祖。……舜曰："咨！四岳！有能奋庸熙帝之载，使宅百揆，亮采惠畴？"佥曰："伯禹作司空。"帝曰："俞！咨！禹！汝平水土，惟时懋哉！"

树达按：《日知录》卷二云："月正元日格于文祖之后，而四岳之咨，必称'舜曰'者，以别于上文之帝也。至其命禹始称帝曰，问答之词已明，则无嫌也。"树达按：文已云帝乃殂落，则"舜曰"即改"帝曰"，宜可无嫌矣，而必以"舜曰"之称，介于前后解释不同两"帝曰"之间，古人属辞之慎密，真可惊也。

（二）

《汉书》卷四十八《贾谊传》云：曩令樊、郦、绛、灌据数十城而王，今虽以残亡可也。

树达按：《日知录》卷二十三云：樊、郦、绛、灌，三人皆姓，而周勃（绛）独爵，以功臣周姓者多也。汾阴侯昌，隆虑侯宠，魏其侯定，郦成侯缫，高景侯成，博阳侯聚皆周姓。

（三）

又云：假设天下如曩时，淮阴侯尚王楚，黥布王淮南，彭越王梁，韩信王韩，张敖王赵，贯高为相，卢绾王燕，陈豨在代，令此六七公皆亡恙，当是时而陛下即天子位，能自安乎？

树达按：淮阴侯亦姓韩名信，故避称淮阴侯以别于王韩之韩信。

（四）

《汉书》卷六十六《王䜣传》云：䜣昭帝时代车千秋为丞相，封宜春侯。明年，薨，子谭嗣；薨，子咸嗣。王莽妻即咸女，莽篡位，宜春氏以外戚宠。

树达按：师古注云："若云王氏，则与莽族相涉，故以侯号（宜春氏）称之耳。"

（五）

《汉书》卷七十二《王吉传》云：骏子崇征入为御史大夫。是时，成帝舅安成恭侯夫人放寡居，共养长信宫，坐祝诅下狱。崇奏封事，为放言。

树达按：《外戚恩泽侯表》，安成恭侯乃王崇，适与本传之王崇同姓同名，故班氏特称其爵谥，不著其名，所以避嫌也。

（六）

《汉书》卷九十《酷吏·严延年传》云：延年后复劾大司农田延年持兵干属车，大司农自讼不干属车。事下御史，中丞谴责延年："何以不移书宫殿门禁止大司农，而令得出入宫？"于是覆劾延年阑内罪人，法至死，延年亡命。

> 树达按：此文叙严延年劾田延年事，二人同名相混，故下文于严延年则称其名，而于田延年则改称大司农，所以相避也。

丙　避讳

（一）

《左传》昭公八年云：自根牟至于商卫。

梁玉绳《史记志疑》卷三云：定公名宋，盖昭公事纪于定公之世，讳宋为商也。

（二）

《左传》哀公二十四年云：周公及武公娶于薛，孝惠娶于商，自桓以下娶于齐。

> 树达按：此为鲁宗人衅夏对鲁哀公之辞。薛齐皆举国名，宋独不举国名而以商为代者，以哀公父定公名宋，故避之也。

本宋林尧叟说。

（三）

《五代会要》云：晋天福六年二月，敕户部侍郎张昭、起居郎贾纬、秘书少监赵熙、吏部郎中郑受益、左司员外郎李为先等修撰《唐史》，仍令宰臣赵莹监修。开运二年，史馆上新修前朝李氏书纪志列传共二百二十卷，并目录一卷，赐监修宰臣刘昫、修史官张昭、直馆王申等缯彩银币各有差。

树达按：钱大昕《十驾斋养新录》卷六云："'前朝李氏书'者，避晋高祖（石敬瑭）嫌名，权易之耳。"

丁　表异

（一）

《周礼·地官·遂人》云：凡治野，以下剂致甿，以田里安甿，以乐昏扰甿，以土宜教甿稼穑，以兴锄利甿，以时器劝甿，以疆予任甿，以土均平政。

树达按：郑注云："变民言甿，异外内也。"贾疏云："案大司徒小司徒主六乡，皆云民，不言甿，此变民言甿者，直是异外内而已。"树达按：异外内者，六乡在王国百里之内，六遂在王国百里之外也。

（二）

《书·洪范》云：水曰润下，火曰炎上，木曰曲直，金曰从革，土爰稼穑。

树达按：《正义》云："润下炎上曲直从革，即是水火木金，体有本性；其稼穑以人事为名，非是土之本性。生物是土之本性，其稼穑非土本性也。爰亦曰也，变曰言爰，以见此异也。"

（三）

《诗·豳风·七月》云：七月流火，九月授衣。一之日觱发，二之日栗烈，无衣无褐，何以卒岁？三之日于耜，四之日举趾。

树达按：《毛传》云："一之日，周正月；二之日，殷正月，三之日，夏正月。"《日知录》卷五云："《七月》一篇之中，凡言月者，皆夏正；凡言日者，皆周正。"

（四）

《周礼·地官·大司徒》云：正月之吉，始和布教于邦国都鄙。……正岁，令于教官。

树达按：郑注云："正月之吉，周正月朔日也。正岁，夏正月朔日。"贾疏云："《周礼》凡言正岁者，则夏之建寅正月；直言正月者，则周之建子正月也。"

（五）

《谷梁传》隐公二年云：妇人，在家，制于父；既嫁，制于夫；夫死，从长子。

戊　避实

（一）

《汉书》卷四十四《淮南厉王长传》薄昭《谏厉王书》云：昔者周公诛管叔放蔡叔以安周，齐桓杀其弟以反国。

树达按：韦昭云："子纠，兄也。言弟者，讳也。"树达按：韦言讳者，以文帝是厉王之兄，故不欲言弟杀兄耳，非为齐桓讳也。

（二）

宋庄季裕《鸡肋篇》卷中云：宋景文与兄元宪少时尝谒杨大年，坐中赋《落花诗》。元宪云："金谷路尘埋国艳，武陵溪水泛天香。"景文云："将飘更作回风舞，已落犹成半面妆。"文公以兄为胜，谓景文小巧，他日富贵亦不迨其兄，且不当更用"落"字也。

（三）

《朱子语类》卷百三十九云：东坡《墨君堂记》只起头不合说破竹字。不然，便似《毛颖传》。

树达按：《毛颖传》不说破笔字。

（四）

陆游《老学庵笔记》卷一云：秦会之丞相卒，魏道弼作参政，委任颇专，且大拜矣。翰苑欲先作白麻，又不能办，假手于士人陈丰。丰以其姓魏，遂以"晋绛和戎"对"郑公论谏"。

树达按：晋大夫魏绛和戎事，见《左传》襄公四年。此云"晋绛"。避实说"魏"字也。

（五）

沈义父《乐府指迷》云：炼字下语，最是紧要。如咏桃，不可直说破桃，须用"红雨""刘郎"等字。如咏柳，不可直说破柳，须用"章台""灞岸"等字。又用事如曰"银钩空满"，便是书字了，不必更说书字。"玉箸双垂"便是泪字了，不必更说泪。如"绿云缭绕"隐然髻发；"困便湘竹"分明是簟。正不必分晓，如教初学小儿，说破这是甚物事，方见妙处。

己 谐音

子 协韵

（一）

《易·同人·爻辞》云：九五，同人先号咷而后笑，大师克相遇。《象传》曰：同人之先，以中直也，大师相遇，言相克也。王引之《经义述闻》卷二云：同人之先，谓同人之先号咷而后笑也。直者，正也。《说文》："直，正见也。"《文言》曰："直其正也。"《曲礼》："直而勿有。"《郊特牲》："直祭祝于主。"《郑注》并曰："直，正也。"以中直也者，以中正也。《讼》象传曰："讼元吉，以中正也。"《豫》象传曰："不终日贞吉，以中正也。"《艮》象传曰："艮其辅，以中正也。"是也。同人九五位居中正，故曰中直。变正言直，以与克为韵耳，其实一也。

（二）

《诗·鄘风·柏舟篇》云：母也天只，不谅人只。

树达按：《毛传》云："天谓父也。"俞樾《古书疑义举例》卷一云：母则直曰母，而父则称之为天，此变文协韵之例也。

（三）

《诗·小雅·蓼萧篇》云：蓼彼萧斯，零露瀼瀼，既见君子，为龙为光，其德不爽，寿考不忘。

  树达按：俞樾《古书疑义举例》卷一云：《周易·说卦传》："离为日。"而虞注于《未济》六五及《夬》象传并云："离为光。"于《需》象辞则曰"离日为光"，是日与光义得相通。此言远国之君朝见于天子，故曰"既见君子，为龙为光"，并以天子言。不言为龙为日，而曰为龙为光，亦变文以协韵耳。传训龙为宠，则已不得其义矣。

（四）

《诗·大雅·公刘篇》云：京师之野，于时处处，于时庐旅，于时言言，于时语语。

  树达按：庐旅与处处义同，语语与言言义同，诗人自有复语耳。以上下文处处言言语语文例推之，正当言庐庐，而言庐旅者，以庐是平音，故改用上声"旅"字，以与"野""处""语"协韵耳。音韵学家有疑古无上声者，观此诗知古人确有平上之分矣。

（五）

《左传》哀公九年云：宋公伐郑。晋赵鞅卜救郑，遇水适火，占诸史赵史墨史龟。史龟曰:"是谓沈阳,可以兴兵,利以伐姜,不利子商。伐齐则可,敌宋不吉。"

树达按:《日知录集释》卷二引阎若璩云:"不曰伐齐与宋而变文言姜言商者,取与上文阳兵协韵也。"下文言伐齐则可,敌宋不吉,不用协韵,便直称齐宋本号,则可见矣。

丑 调声

(一)

《晋书》卷九十二《赵至传》至《与嵇茂齐书》云:昔李叟入秦,及关而叹;梁生适越,登岳长谣。

树达按:《日知录》卷二十一云:"梁鸿本适吴,而以为越者,吴为越所灭也。"今按:顾说是也。此因吴为平音,不谐,故改之耳。

(二)

李白《行路难》诗云:华亭鹤唳讵可闻,上蔡苍鹰安足道。

树达按:《史记·李斯传》记:斯受刑时,顾谓其中子曰:"此时欲出上蔡东门牵黄犬,岂可得哉!"此改黄犬为苍鹰,盖亦以谐音耳。顾氏《日知录》云:此及杜诗之金碗病与谢诗同。

（三）

王维《老将行》云：今日垂杨生左肘。

　　树达按：《庄子·至乐篇》云："俄而柳生其左肘。"变柳为杨，以叶音也。

（四）

《五代史》卷二十八《李袭吉传》载袭吉为晋王为书论梁云：毒手尊拳，交相于暮夜；金戈铁马，蹂践于明时。

　　树达按：此用石勒语。《晋书·载记·石勒传》记勒语云："往日厌卿老拳，卿亦饱孤毒手。"此改老拳为尊拳，亦调平仄耳。

第五章 改窜

一、避复

（一）

《左传》昭公三年云：昧旦丕显，后世犹怠。

《伪古文尚书·太甲上篇》云：先王昧爽丕显，坐以待旦。

　　树达按：阎若璩《尚书古文疏证》卷四引姚际恒立方云："易《左传》'旦'字为'爽'字者，避下句袭《孟子》'坐以待旦''旦'字也。"

（二）

《论语·学而篇》云：子曰："巧言令色，鲜矣仁。"

《汉书》卷八十四《翟方进传》云：兄宣静言令色，外巧内嫉。

　　树达按：王念孙《读书杂志》谓静言即巧言是也。文改巧言为静言者，避下文外巧巧字也。

（三）

《列子·汤问篇》云：瓠巴鼓琴而鸟舞鱼跃。

《荀子·劝学篇》云：昔者瓠巴鼓瑟而流鱼出听，伯牙鼓琴而六马仰秣。

　　树达按：梁玉绳《瞥记》卷五云："《列子》'瓠巴鼓琴'，荀作'鼓瑟'。盖因下有'伯牙鼓琴'，改为瑟也。"

（四）

《孟子·尽心上篇》云：穷则独善其身，达则兼善天下。

梁武帝《请征谢朏何胤表》云：穷则独善，达以兼济。

　　树达按：改兼善为兼济，以避独善之善也。

二、避嫌

（一）

《国语·周语上》云：昔我先王世后稷以服事虞夏。及夏之衰也，弃稷不务，我先王不窋用失其官，而自窜于戎狄之间。

《史记》卷四《周本纪》云：不窋末年，夏后氏政衰，去稷不务，不窋以失其官而奔戎狄之间。

树达按：司马贞《史记索隐》云："《国语》云'弃稷不务'，此云'去稷'者，是太史公恐'弃'是后稷之名，故变文云'去'也。"

（二）

《史记》卷五十三《萧相国世家》云：上大怒，下相国廷尉，械系之。数日，王卫尉侍，前问曰："相国何大罪，陛下系之暴也？"
《汉书》卷三十九《萧何传》云：上大怒，乃下何廷尉，械系之。数日，王卫尉侍，前问曰："相国胡大罪，陛下系之暴也？"
　　树达按：《史记》云"相国何大罪"，班氏改作"胡大罪"。此以相国名何，言"何"嫌于举相国之名，故变"何"为"胡"也。

（三）

清潘昂霄《金石例》云：古人书皇祖皇考，韩魏公易皇以显字。
　　树达按：后世皇字习用于帝王，此避之也。

三、避讳

（一）

《论语》三《八佾篇》云：子曰："夏礼吾能言之，杞不足征也；

殷礼吾能言之，宋不足征也。文献不足故也。足，则吾能征之矣。"

《礼记》三十一《中庸篇》云：子曰"吾说夏礼，杞不足征也；吾学殷礼，有宋存焉。"

树达按：阎若璩《四书释地》又续云：《史记》言："子思尝困于宋，作《中庸》。"《中庸》既作于宋，易其文，殆为宋讳乎！《礼》：居是邑不非其大夫。况宋实为其宗国，则书中辞自宜逊也。

（二）

《公羊传》昭公二十五年云：子家驹曰："天子僭于天，诸侯僭于天子，大夫僭于诸侯久矣。"昭公曰："吾何僭矣哉？"

树达按：今本《公羊传》无"天子僭于天"句。然郑注《周礼·考工记》引子家驹曰："天子僭天。"《贾疏》引《公羊传》文为证，是唐本尚未脱也。

（三）

《汉书》卷五十六《董仲舒传》云：及至周室之衰，其卿大夫缓于谊而急于利，亡推让之风而有争田之讼。

树达按：争田之讼事见《左传》成公十一年，其文云："晋郤至与周争鄇田，王命刘康公、单襄公讼诸晋。"是此事实周简王与晋争，而董仲舒云卿大夫者，正以武帝好利，不欲言周王争田以辟嫌耳。

《汉书》卷七十二《贡禹传》云：主上时临朝入庙，众人不能别异，甚非其宜，然非自知奢僭也。犹鲁昭公曰："吾何僭矣。"今大夫僭诸侯，诸侯僭天子，天子过天道，其日久矣。承衰救乱，矫复古化，在于陛下。

　　树达按：禹语全本《公羊传》，然"大夫僭诸侯，诸侯僭天子"，皆袭用《传》文，"天子僭天"；禹改为"天子过天道"者，以对天子立言，有所忌讳故耳。

（四）

《论语》四《里仁篇》云：子曰："君子怀德，小人怀土。"

《汉书》卷七十二《贡禹传》云：禹上书乞骸骨，天子报曰："《传》曰：'亡怀土'，何必思故乡。"

明杨慎《丹铅录》云：此所称传者，即《论语》小人怀土之文。易"小人"二字作"亡"，盖嫌于以小人称其臣也。

（五）

《说苑·贵德篇》云：故天子好利则诸侯贪；诸侯贪则大夫鄙；大夫鄙则庶人盗。

《公羊传》桓公十五年《何注》云：王者不当求。求则诸侯贪，大夫鄙，士庶盗窃。

《盐铁论·本议篇》云：文学曰："《传》曰：'诸侯好利则大夫鄙，大夫鄙则士贪，士贪则庶人盗。'"

　　树达按：诸书皆本《春秋》家说，同出一源。然《说苑》

举天子，何注举王者，《盐铁论》但举诸侯以下，不及天子者，以盐铁正是天子好利之事，故文学避而不言耳。

（六）

《史记》卷百三十《自序》云：孔子知言之不用，道之不行也，是非二百四十二年之中，以为天下仪表，贬天子，退诸侯，讨大夫，以达王事而已矣。

《汉书》卷六十二《司马迁传》云：孔子知时之不用，道之不行也，是非二百四十二年之中，以为天下仪表，贬诸侯，讨大夫，以达王事而已矣！

树达按：太史公云"贬天子，退诸侯"，班则变之云"贬诸侯"，盖以忌讳不言天子耳。

四、避熟

（一）

《论语》十八《微子篇》云：子云："不降其志，不辱其身，伯夷叔齐与！"

梁沈约《为梁武帝与谢朏敕》云：不降其身，不屈其志。

树达按：改"辱"为"降"，改"降"为"屈"。

（二）

《国语》云：贪天之功以为己力。

梁沈约《修竹弹甘蕉文》云：每叨天功以为己力。

　　树达按：改"贪"为"叨"。《说文》五篇下《食部》云：饕，贪也。或体作叨。

《易·系辞》云：书不尽言，言不尽意。

陈后主《与詹事江总书》云：言不写意。

　　树达按：改"尽"为"写"。

（三）

魏文帝《与吴质书》云：酒酣耳热，仰而赋诗。

梁简文帝《与刘孝仪令》云：酒阑耳热，言志赋诗。

　　树达按：改"酣"为"阑"。

五、鸣谦

（一）

《晏子·杂篇下》云：圣人千虑，必有一失；愚人千虑，必有一得。

《汉书》卷三十四《韩信传》云：广武君曰：臣闻："智者千虑，必有一失；愚者千虑，亦有一得。故曰：'狂夫之言，圣人择焉。'顾恐臣计未足用，愿效愚忠。"

树达按：《汉书》文改"必"为"亦"者，盖表广武君谦逊语气耳。《补注》王先慎谓"亦"为"必"之误，是以不狂为狂也。

第六章 嫌疑

《古诗》云:"瓜田不纳履,李下不整冠。"人居斯世,义合远嫌,固矣。即在属文,何莫不然。豫虑有嫌,变文相避,如前章之所陈,尚矣。即不能尔,则务为别白,毋使混淆,亦其次也。两俱不能,则文病矣。

一、别白

甲 人称

(一)

《春秋》隐公元年云:秋七月,天王使宰咺来归惠公仲子之赗。

树达按:《日知录》卷四云:《尚书》之文但称王,《春秋》则曰天王。以当时楚吴徐越皆僭称王,故加天以别之也。

又云：鲁有两仲子，孝公之妾（即惠公之母）一仲子，惠公妾（即桓公之母）又一仲子，故此不得不称之曰惠公仲子也。树达按：惠公仲子谓惠公之母之仲子。

（二）

《左传》襄公二十五年云：齐棠公之妻，东郭偃之姊也。东郭偃臣崔武子。棠公死，偃御武子以吊焉，见棠姜而美之，遂取之。……庄公通焉，骤如崔氏，以崔子之冠赐人。侍者曰："不可。"公曰："不为崔子，其无冠乎？"崔子因是，又以其间伐晋也，曰："晋必将报。"欲弑公以说于晋，而不获间。公鞭侍人贾举，而又近之，乃为崔子间公。夏五月，莒为且于之役故，莒子朝于齐。甲戌，飨诸北郭，崔子称疾不视事。乙亥，公问崔子，遂从姜氏，姜入于室，与崔子自侧户出。公拊楹而歌。侍人贾举止众从者而入，闭门，甲兴。公登台而请，弗许；请盟，弗许；请自刃于庙，弗许。皆曰："君之臣杼疾病，不能听命。近于公宫，陪臣干掫有淫者，不知二命。"公逾墙，又射之；中股，反队，遂弑之。贾举，州绰，邴师，公孙敖，封具，铎父，襄伊，偻堙皆死。

树达按：杜注云："重言侍人贾举者，别下贾举。"

（三）

《国语·周语上》云：襄王使邵公过及内史过赐晋惠公命，晋侯执玉卑，拜不稽首。内史过归，以告王曰："晋不亡，其君必无后。"

树达按：邵公及内史二人同名为"过"，故下文必称"内史过"以别之。《左传》僖公十一年亦记此事，其文云："天子使召武公内史过赐晋侯命，受玉惰。过归，告王曰：'晋侯其无后乎。'"此于上文既称召武公，不著其名，不虞相混，故径云"过归告王"矣。又按：《左传》《国语》文字别白清晰如此，而《史记·晋世家》记此事，尚误以为召公过讥之，要以二人同名过，致相混耳。

（四）

《论语》十三《子路篇》云：子谓卫公子荆善居室。少有，曰："苟完矣。"富有，曰："苟美矣。"

树达按：翟灏《四书考异》引金文淳《蛾术编》云：春秋末鲁亦有公子荆，哀公庶子也。《左氏》哀二十五年《传》："公子荆之母嬖，公立为夫人，而以荆为太子，国人始恶之。"《论语》记公子荆语，特加"卫"字，嫌与鲁公子同，故别白之耳。

（五）

又十九《子张篇》云：卫公孙朝问于子贡曰："仲尼焉学？"

树达按：翟灏《四书考异》云：《论语》中人名特以国系之者，公子荆与公孙朝耳。春秋时公孙朝亦不仅卫有之，鲁有成大夫公孙朝，见昭二十六年《传》。楚有武城尹公孙朝，见哀十七年《传》。郑子产有弟曰公孙朝，见《列子·杨朱篇》。记语者公孙朝上亦系以"卫"，岂无意乎！

（六）

《战国策》卷八《齐策》云：田忌亡齐而之楚，邹忌代之相。齐恐田忌欲以楚权复于齐。杜赫曰："臣请为君留之楚。"谓楚王曰："邹忌所以不善楚者，恐田忌之以楚权复于齐也。王不如封田忌于江南，以示田忌之不返齐也。邹忌以齐厚事楚。田忌，亡人也，而得封，必德王。若复于齐，必以齐事楚。此用二忌之道也。"

树达按：此文屡称田忌邹忌，不去姓者，恐相混也。

（七）

《汉书》卷一《高帝纪》云：使韩太尉韩信击韩，韩王郑昌降。十一月，立韩太尉信为韩王。

又卷三十三《韩王信传》云：韩王信，故韩襄王孽孙也。

又卷三十四《韩信传》云：韩信，淮阴人也。

树达按：《韩王信传补注》齐召南云："信与淮阴侯两人姓名偶同，故称韩王信以别之。"树达按：信已封王之后，则称韩王信；未王之前，则称韩太尉信，而于淮阴侯则但称韩信。

（八）

《汉书》卷二十《古今人表》上下等有豕韦，中上等有刘姓豕韦。

树达按：钱大昕曰：彭姓豕韦为商灭。刘累之后世复承其国为豕韦氏。《左传》范宣子云"匄之祖在商为豕韦氏"者也。故言刘姓以别之。

（九）

《汉书》卷六十八《霍光传》云：丞相臣敞，大司马大将军臣光，车骑将军臣安世，度辽将军臣明友，前将军臣增，后将军臣充国，御史大夫臣谊，宣春侯臣谭，当涂侯臣圣，随桃侯臣昌乐，杜侯臣屠耆堂，太仆臣延年，太常臣昌，大司农臣延年，宗正臣德，少府臣乐成，廷尉臣光，执金吾臣延寿，大鸿胪臣贤，左冯翊臣广明，右扶风臣德，长信少府臣嘉，典属国臣武，京辅都尉臣广汉，司隶校尉臣辟兵，诸吏文学光禄大夫臣迁，臣畸，臣吉，臣赐，臣临管，臣胜，臣梁，臣长幸，臣夏侯胜，太中大夫臣德，臣卬，昧死言皇太后陛下。

树达按：自丞相臣敞以下三十六人，皆不具姓（屠耆堂，胡人，本无姓），独诸吏文学光禄大夫臣胜下之夏侯胜著姓者，李奇云："同官同名，故以姓别也。"按李说是也。大司马将军臣光为霍光，廷尉臣光为李光；太仆臣延年为杜延年，大司农臣延年为田延年；宗正臣德为刘德，右扶风臣德为周德（太中大夫臣德不知姓），此皆以官职不同，故虽同名而不以姓为别矣。

（十）

又云：臣敞等谨与博士臣霸，臣隽舍，臣德，臣虞舍，臣射，臣仓议。

树达按：晋灼云：隽，姓；舍，名也。下有臣虞舍，故以姓别之。

（十一）

《汉书》卷七十七《何并传》云：初，邛成太后外家王氏贵，而侍中王林卿通轻侠。又云：成帝太后以邛成太后爱林卿故，闻之，涕泣为言哀帝。

树达按：应劭云："宣帝王皇后父奉光封邛成侯，成帝母亦姓王，故以父爵别之也。"按《汉书》九十七上《孝宣王皇后传》云："成帝母亦姓王氏，故世号太皇太后为邛成太后。"此应劭所本。

（十二）

《汉书》卷九十九《王莽传》云：以少阿羲和京兆尹红休侯刘歆为国师嘉新公。封刘歆为祁烈伯，奉颛顼后，国师刘歆子叠为伊休侯，奉尧后。

树达按：颜注云："上言红休侯刘歆为国师嘉新公，今此云刘歆为祁烈伯，又言国师刘歆子为伊休侯，是则祁烈伯自别一刘歆，非国师也。"顾炎武《日知录》卷二十云：《汉书》王莽时有两刘歆，则别之曰国师刘歆。

（十三）

《魏志》卷八《公孙瓒传》云：瓒为郡门下书佐，有姿仪，大音声，侯太守器之，以女妻焉，遣诣涿郡卢植读经。后复为郡吏，刘太守坐事征诣廷尉，瓒为御车，身执徒养。

树达按：清殿本考证引何焯云："系太守以侯氏者，所以别下刘太守也。"

（十四）

《晋书》卷六十二《刘琨传》云：琨既忠于晋室，素有重望，被拘经月，远近愤叹。匹䃅所署代郡太守辟闾嵩与琨所署雁门太守王据、后将军韩据连谋密作攻具，欲以袭匹䃅。而韩据女为匹䃅儿妾，闻其谋而告之，匹䃅于是执王据辟闾嵩及其徒党悉诛之。

树达按：王据韩据二人同名，故下文叙二人仍各出其姓以为别。

（十五）

《晋书》卷七十《卞敦传》云：敦攻讨沔中，皆平。既而杜弢寇湘中，加敦征讨大都督，伐弢，有功。镇东大将军王敦请为军司。……时石勒侵逼淮泗，帝备求良将可以式遏边境者，公卿举敦，除征虏将军徐州刺史,镇泗口。及勒寇彭城,敦自度力不能支,退保盱眙。征拜大司农;王敦表为征虏将军,都督石头军事。明帝之讨王敦也,以为镇南将军,假节。

树达按:文屡称王敦,所以别于卞敦也。

(十六)

《北齐书》卷十九《蔡俊传》云:高祖谋诛杜洛周,俊预其计。事泄,走奔葛荣。仍背葛荣,归尔朱荣。荣入洛,为平远将军帐内别将。从破葛荣,除谏议大夫。

树达按:文屡称葛荣,所以别于尔朱荣也。

(十七)

《新五代史》卷十五《唐家人传》云:淑妃王氏,少卖梁故将刘鄩为侍儿。鄩卒,王氏无所归。是时,明宗夏夫人已卒,方求别室,有言王氏于安重诲者,重诲以告明宗而纳之。王氏素得鄩金甚多,悉以遗明宗左右及诸子妇,人人皆为王氏称誉,由是王氏专宠。明宗即位,立曹氏为皇后,王氏为淑妃;妃事皇后亦甚谨。愍帝即位,册尊皇后曹氏为皇太后,妃为皇太妃。初,明宗后宫有生子者,命妃母之,是为许王从益。从益乳母司衣王氏见明宗已老而秦王握兵,心欲自托为后计,乃曰:"儿思秦王。"数教从益自言求见秦王。明宗遣乳妪将儿往来秦府,遂与从荣私通,从荣因使王氏伺察宫中动静。从荣已死,司衣王氏以谓秦王实以兵入宫卫天子,而以反见诛,出怨言。愍帝闻之，大怒，赐司衣王氏死，而事连太妃，由是心不悦，欲迁之至德宫，以太后素善妃，惧伤其意而止，然待之甚薄。

　　树达按：此传文于淑妃王氏初称"王氏"，自明宗立王氏为妃之后，改文称"妃"。及愍帝册尊太妃之后，或称"太妃"，或仍称"妃"，可谓明晰矣。然以本是王氏，故于从益乳母之王氏，屡称"司衣王氏"以别之，惧人之误解耳。

（十八）

欧阳公《归田录》卷一云：往时学士入札子不著姓，但云学士臣某。先朝盛度、丁度并为学士，遂著姓以别之，其后遂皆著姓。

（十九）

宋洪适《隶续》卷十一《汉司隶校尉杨淮碑》云：故司隶校尉杨君，厥讳淮，字伯邳，举孝廉，为尚书尚书令司隶校尉。伯邳从弟讳弼，字颖伯，举孝廉，下邳相。二君清颂，约身自守，俱大司隶孟文之元孙也。

　　树达按：重编本钱大昕《金石文跋尾》卷一云："孟文伯邳祖孙皆为司隶校尉，故称大司隶以别之。"

乙 地名

（一）

《春秋》庄公三十二年云：城小谷。

树达按：《日知录》卷四云："《春秋》有言谷不言小者。"庄公二十三年："公及齐侯遇于谷。"僖公二十六年："公以楚师伐齐，取谷。"文公十七年："公及齐侯盟于谷。"成公五年："叔孙侨如会晋荀首于谷。"四书谷而一书小谷，别于谷也。

（二）

《史记》卷六十七《仲尼弟子传》云：曾参，南武城人。

树达按：《索隐》云："武城属鲁，当时鲁更有北武城，故言南也。"《日知录》卷三十一引宋程大昌《澹台祠友教堂记》云："子游之所宰其实鲁邑，而东武城者，鲁之北也，故汉儒又加南以别之。史迁之传曾参曰南武城人者，创加也。"阎若璩《四书释地》云："孟子云'曾子居武城'，即《仲尼弟子列传》之南武城，鲁边邑也，在今费县西南八十里石门山下。《史记》加南于武城上者，别于鲁之北有东武城也。"

（三）

《水经注》卷四《河水篇》云：水东出羊求川，西径北屈县故城南，城即夷吾所奔邑也。《汲郡古文》曰：翟章救郑，次于南屈。应劭曰：有南，故加北。

（四）

又卷五《河水篇》云：溵水又东北径东朝阳县故城南。《地理风俗记》曰：南阳有朝阳县，故加东。

丙　正朔

（一）

《春秋》隐公元年云：元年春王正月。

　　树达按：《左氏》经杜注云："隐公之始年，周王之正月也。"
树达按：春秋时兼用夏正，故必言王正月以为别白，杜说是也。《公羊传》说王为文王，非是。

丁　年号

（一）

《水经注》十六《谷水篇》云：谷水又东流径乾祭门北，东至千金堨。《洛阳记》曰……堨之东首立一石人，石人腹上刻勒云："太和五年二月八日庚戌，造筑此堨，更开沟渠。此水冲渠，止其水，助其坚也。必经年历世，是故部立石人以记之云尔。"盖魏明帝修王张故绩也。……积年，渠竭颓毁，石砌殆尽，遗基见存。朝廷太和中，修复故堨。

  树达按：《日知录》卷二十云："太和五年，曹魏明帝之太和也；朝廷太和中，元魏孝文帝之太和也。"

戊 官名

（一）

《续汉书·百官志》注引应劭《汉官仪》云：绥和元年，罢御史大夫官，法周制，初置司空。议者又以县道官狱司空，故复加大为大司空。

己 篇名

（一）

《左传》昭公十六年云：夏四月，郑六卿饯宣子于郊。宣子曰：二三君子请皆赋，起亦以知郑志。子产赋《郑》之《羔裘》。

  树达按：杜注云："言《郑》，别于《唐·羔裘》也。"按《诗·唐风》亦有《羔裘篇》。

二、混淆

（一）

《春秋》隐公元年云：秋七月，天王使宰咺来归惠公仲子之赗。《公羊传》云：仲子者何？桓之母也。《穀梁传》云：仲子者何？惠公之母，孝公之妾也。

树达按：鲁孝公及其子惠公并娶于宋，《左传》哀公二十四年云："孝惠娶于商，商即宋是也。故此文惠公仲子，《公羊传》以为惠公之妻桓公之母，谓惠公仲子之称为以夫统妻。《穀梁传》则以为以子系母，故以为孝公之妾，惠公之母也。"据他例推之，《春秋》文公九年云："秦人来归僖公成风之襚，此亦以子系母也；《左传》昭公元年称武王邑姜，此亦以夫统妻也。"证《春秋》当以《春秋》，则自以《谷梁传》之说为正，然终不免于混淆之病，故二传之说歧出也。

（二）

《左传》襄公二十八年云：子雅子尾怒，庆封使析归父告晏平仲，平仲曰："婴之众不足用也，知无能谋也。言弗敢出。"子家曰："子之言云，又焉用盟！"……冬十月，庆封田于莱，陈无宇从。丙辰，文子使召之。请曰："无宇之母疾病，请归。"庆季卜之，示之兆，曰：

"死。"奉龟而泣,乃使归。庆嗣闻之,曰:"祸将作矣!"谓子家:"速归!祸作必于尝,归犹可及也。"子家弗听,亦无悛志。

树达按:此文再称"子家",杜注前"子家"云:"子家,析归父。"注后"子家"云:"子家,庆封字。"同一字而别指二人,于文略无区别。向非杜注别之,读者鲜不迷惑矣!

(三)

《国语·晋语》一云:武公伐翼,杀哀侯。止栾共子,曰:"苟无死,吾以子见天子,令子为上卿,制晋国之政。"辞曰:"臣闻之:民生于三,事之如一。父生之,师教之,君食之。非父不生,非食不长,非教不知,生之族也,故一事之,唯其所在,则致死焉。报生以死,报赐以力,人之道也。臣敢以私利废人之道!君何以训矣?且君知成之从也,未知其待于曲沃也。从君而贰,君焉用之?"遂斗而死。

树达按:韦昭注释"且君知成之从也"二句云:"君,武公也。言君知成将死其君,为从臣道也,故使止臣;未知成不死而待君于曲沃之为贰也。"纠结不可通。盖此文"君"字不全指武公。"君何以训矣"之君,谓武公也;"君知成之从"之君,谓哀侯也;"君焉用之"之君,又谓武公。韦注不知,故误释耳。

(四)

《史记》卷八《高祖纪》云:至南郑,诸将及士卒多道亡归,士卒皆歌,思东归。韩信说汉王曰:"项羽王诸将之有功者,而王独居南郑,是迁也。军吏士卒皆山东之人也,日夜跂而望归。及其锋而用之,可以有大功。天下已定,人皆自宁,不可复用。不如决策东乡,争权天下。"

树达按:此文第云韩信,不知其究何指。

又卷九十三《韩王信传》云:信说汉王曰:"项王王诸将近地而王独远居此,此左迁也。士卒皆山东人,跂而望归。及其锋东乡,可以争天下。"

树达按:《高祖纪》第云韩信,未加别白。但《淮阴侯传》不载其事,而《韩王信传》纪之,则《高祖纪》之韩信为韩王信,非淮阴侯明矣。故徐广注《高纪》之韩信云"韩王信,非淮阴侯信",是也。

《汉书》卷三十三《韩王信传》云:沛公为汉王,信从入汉中,乃说汉王曰:"项王王诸将,王独居此,迁也。士卒皆山东人,竦而望归。及其蜂东乡,可以争天下。"

树达按:此沿用《史记·韩王信传》原文,以说事属韩王信。

又卷一《高帝纪》云:汉王既至南郑,诸将及士卒皆歌讴,思东归,多道亡还者。韩信为治粟都尉,亦亡去,萧何追还之,因荐于汉王曰:"必欲争天下,非信无可与计事者。"于是汉王斋戒,设坛场,拜信为大将军,问以计策。信对曰:"项羽背约而王君王于南郑,是迁也。吏卒皆山东之人,日夜企而望归,及其锋而用之,可以有大功。天下已定,民皆自宁,不可复用,不如决策东向。"

树达按:此又以说事属淮阴侯,与《韩王信传》自相矛盾。此固由于班氏未曾细勘《史记》纪传,而《史记》纪文但书韩信,不加别白,实为致误之总因也。《汉书·淮阴侯韩信传》仍无其事，与《史记》同，故知全由《史记》纪文误会也。

（五）

《汉书》卷八《宣帝纪》云：赐右扶风德，典属国武，廷尉光，宗正德，大鸿胪贤，詹事畸，光禄大夫吉，京辅都尉广汉，爵皆关内侯。德、武食邑。

树达按：右扶风德，周德也；宗正德，刘德也。二人同名。下文"德武食邑"之德，未加别白，故说者纷纷不定。张晏云："旧关内侯无邑也，以苏武守节外国，刘德宗室俊彦。故特令食邑。"此以食邑之德为宗正刘德也。钱大昕云："上文右扶风德在苏武之前，宗正德在武之后。此文先德后武，则是周德，非刘德也。《苏武传》称赐爵关内侯食邑三百户，而《刘德传》无食邑之文，张说似未可信。"此以食邑之德为右扶风之周德也。王荣商《汉书补注》卷四云："周德行事无所表见，《霍光传》尚书令读奏，宗正臣德在苏武之前。以位次核之，则张说为优。"此又申张说以为刘德也。树达按：钱说以本文为证，义较长。向使当时如《霍光传》夏侯胜著姓之例，则可免此纷纷矣。

（六）

《宋书》卷八十七《殷琰传》云：叔宝本谓台军停住历阳，不办进。

树达按：孙彪《宋书考论》云：此文叔宝乃杜叔宝，戴震校《水经注》以为赵叔宝，非也，赵叔宝已与郭慈孙投水死矣。

（七）

《论衡》卷二十九《案书篇》云：《谶书》云："董仲舒乱我书。"盖孔子言也。读之者或为乱我书者，烦乱孔子之书也。或以为乱者，理也，理孔子之书也。共一"乱"字，"理"之与"乱"相去甚远。

树达按：古人有反训，"乱"字亦可训"治"，故二说并通。然《后汉书》卷四十一《钟离意传》注引《意别传》，载意入孔子庙，发瓮，得素书，其文云："后世修吾书，董仲舒；护吾车，拭吾履，发吾笥，会稽钟离意。"云"修吾书"，则乱训理为是。然若无此证，则原文固可两解也。

（八）

《后汉书》卷五十六《陈球传》云：为永乐少府，乃潜与司徒河间刘郃谋诛宦官。初，郃兄侍中儵与大将军窦武同谋俱死，故郃与球相结。球复以书劝郃。又尚书刘纳以正直忤宦官，出为步兵校尉，亦深劝于郃，郃许诺，亦结谋阳球。球小妻，程璜之女。璜用事宫中，所谓程大人也。节等颇得闻知，乃重赂于璜，且胁之，璜惧，迫以球谋告节。节因共白帝，帝大怒，策免郃，郃与球及刘纳、阳球皆下狱死，球时年六十二。

树达按：文叙事有陈球，有阳球，球小妻句紧接阳球之下，似是指阳球；而据上下文义单称球者皆指陈球，又似指陈球矣。

（九）

《晋书》卷七十九《谢安传》云：时苻坚强盛，安遣弟石及兄子玄等应机征讨，所在克捷。坚后率众号百万次于淮肥，京师震恐。加安征讨大都督。玄入问计，安夷然无惧色，答曰："已别有旨。"既而寂然。玄不敢复言，乃令张玄重请。安遂命驾出山墅，亲朋毕集，方与玄围棋赌别墅。安常棋劣于玄，是日玄惧，便为敌手，而又不胜。安顾谓其甥羊昙曰："以墅乞汝。"安遂游涉，至夜乃还，指授将帅，各当其任。

树达按：此文既叙谢玄，又叙张玄，"与玄围棋"以下所称之玄，似指谢玄，然文中初无确切之表明也。

（十）

《新唐书》卷百六十三《马总传》云：李师道平郓、曹、濮、为一道，除总节度，赐号天平军。长庆初，刘总上幽、镇地，诏总徙天平，而召总还，将大用之。会总卒，穆宗以郓人附赖总，复诏还镇。

树达按：《日知录》云：上云"诏总徙天平"，刘总也；下云"诏总还"，马总也；又云"会总卒"，刘总也；又云"郓人附赖总"，马总也。此于人之主宾，字之繁省，皆有所不当。当云"诏徙天平"而去"总"字，于其下则云"会刘总卒"，于文无加，而义明矣。

— 113 —

（十一）

钱大昕《潜研堂文集》卷三十一《跋方望溪文》云：望溪以古文自命，意不可一世，惟临川李巨来轻之。望溪尝携所作曾祖墓铭示李，才阅一行，即还之。望溪恚曰："某文竟不足一寓目乎？"曰："然。"望溪益恚，请其说。李曰："今县以桐名者有五：桐乡，桐庐，桐柏，桐梓，不独桐城也。省桐城而曰桐，后世谁知为桐城者！此之不讲，何以言文？"望溪默然者久之。

    树达按：此事又见陈用光《太乙舟文集》卷五《致鲁宾之书》及翁方纲《复初斋文集》卷十七《书湛园未定稿》。

（十二）

章学诚《方志略例》卷一与《石首王明府论志例书》云：《石首县志》举文动称石邑，害于事也。地名两字摘取一字，则同一字者何所分别？即如石首言石，则古之县名，汉有石成，齐有石秋，隋有石南，唐有石严，今四川有石柱厅，云南有石屏州，山西有石楼县，江南有石埭县，江西广东又俱有石城县，后之观者何由而知为今石首也？

三、不别白而可知

（一）

《后汉书》卷十八《吴汉传》云：汉又率骠骑大将军杜茂、疆弩将军陈俊等围苏茂于广乐，刘永将周建救广乐，汉将轻骑迎与之战，不利，堕马伤膝，还营。建等遂连兵入城。诸将谓汉曰："大敌在前而公伤卧，众心惧矣。"汉乃勃然裹创而起，椎牛飨士，于是军士激怒，人倍其气。旦日，建茂出兵围汉，汉选四部精兵黄头吴河等及乌桓突骑三千余人齐鼓而进，建军大溃，反还奔城，汉长驱追击，争门并入，大破之，茂建突走。

树达按：杜茂、苏茂同名茂，文一云建茂，一云茂建，茂皆指苏茂，不著姓为别，盖以茂建并称，自属苏茂，可无嫌也。

（二）

《后汉书》卷三十九《刘平传》云：建武初，平狄将军庞萌反于彭城，攻败郡守孙萌。平时复为郡吏，冒白刃伏萌身上，被十创，困顿不知所为，号泣请曰："愿以身代府君。"贼乃敛兵止，曰："此义士也，勿杀！"遂解去。萌伤甚，气绝。有顷，苏，渴求饮，平倾其创血以饮之。后数日，萌竟死。平乃裹创扶送萌丧至其本县。

树达按：文叙庞萌攻孙萌，下文三称萌，不复别白，以由文义可推知其为孙萌，不嫌混淆也。

（三）

《梁书》卷五《元帝纪》云：初，贺革西上，意甚不悦，过别御史中丞江革，以情告之。革曰："吾尝梦主上遍见诸子，至湘东王，手脱帽授之，此人后必当璧。卿其行乎！"革从之。及太清之难，乃能克复，故遐迩乐推，遂膺宝命矣。

树达按：此文贺革、江革同名："革曰"之革指江革，"革从之"之革指贺革，文意可明，故不加别白也。

第七章 参互

一、互备

(一)

《易·说卦》云：雷以动之，风以散之，雨以润之，日以烜之。艮以止之，兑以说之，乾以君之，坤以藏之。

树达按：顾炎武《日知录》卷一云：上四举象，下四举卦，各以其切于用者言之也。树达按：此参互言之以相备耳，顾说非是。

(二)

又云：神也者，妙万物而为言者也。动万物者莫疾乎雷，挠万物者莫疾乎风，燥万物者莫熯乎火，说万物者莫说乎泽，润万物者莫润乎水，终万物始万物者莫盛乎艮。故水火相逮，雷风不相悖，山泽通气，然后能变化既成万物也。

树达按：崔憬云："艮不言山，独举卦名者，以动挠燥润功是风雷水火；至于终始万物于山，义则不然，故舍象而言卦，各取便而论也。"树达按：此亦崔强说，实则互文耳。

（三）

《易·杂卦传》云：晋，昼也；明夷，诛也。

树达按：俞樾《古书疑义举例》卷一云：《杂卦传》："乾刚坤柔，比乐师忧"，皆两两相对。他卦虽未必然，而语意必相称。独"晋，昼也；明夷；诛也"，其义不伦。愚谓此参互以见义也。知晋之为昼，则明夷之为晦可知矣。"明入地中"（《明夷象传》），非晦而何？知明夷之为诛，则晋之为赏可知矣。"康侯用锡马蕃庶"（《晋卦象辞》），非赏而何？自来言易者未见及此。树达按：俞氏此说精确。

（四）

《左传》成公二年云：公会晋师于上鄍，赐三帅先路三命之服，司马、司空、舆帅、侯正、亚旅皆受一命之服。

树达按：孔颖达《正义》云：于卿言赐，于大夫言受，互相足也。

（五）

《礼记》八《文王世子篇》云：诸父守贵宫贵室，诸子诸孙守下宫下室。

又云：诸父诸兄守贵室，子弟守下室而让道达矣。

树达按：郑注云："上言父子孙，'此言兄弟，互相备也。"

（六）

《左传》襄公四年云：穆叔如晋，晋侯享之，金奏《肆夏》之三，不拜；工歌《文王》之三，又不拜；歌《鹿鸣》之三，三拜。

树达按：《正义》云："奏谓作乐也，作乐先击钟，钟是金也，故称金奏。晋人作乐，先歌《肆夏》，《肆夏》是作乐之初，故于《肆夏》先言金奏也。次工歌《文王》，乐已先作，非复以金为始，故言工歌也。其实金奏《肆夏》，亦是工人歌之；工歌《文王》，击金仍亦不息：互见以从省耳。"

（七）

《礼记》十三《玉藻篇》云：天子……皮弁以日视朝，遂以食，日中而馂。诸侯……朝服以食，特牲三俎祭肺，夕深衣祭牢肉。

树达按：郑注云：天子言日中，诸侯言夕；天子言馂，诸侯言祭牢肉，互相挟。树达按：天子诸侯皆日三食。天子虽止言日中，亦有夕食；诸侯虽第言夕，日中亦有食。天子言馂,知诸侯亦馂;诸侯言祭牢肉,知天子亦祭牢肉,故云互相挟也。

(八)

《左传》隐公元年云:公入而赋:"大隧之中,其乐也融融。"姜出而赋:"大隧之外,其乐也泄泄。"

树达按:孔疏引服虔云:入言公,出言姜,明俱出入,互相见。

(九)

《左传》昭公六年云:夏,季孙宿如晋,拜莒田也。晋侯享之,有加笾。武子退,使行人告曰:"小国之事大国也,苟免于讨,不敢求贶。得贶不过三献,今豆有加,下臣弗堪,无乃戾也。"

树达按:孔疏云:"上言加笾,此言豆者,笾豆并加,互举其一也。"

(十)

《左传》昭公十四年云:楚子使然丹简上国之兵于宗丘,且抚其民,分贫振穷,长孤幼,养老疾,收介特,救灾患,宥孤寡,赦罪戾,诘奸慝,举淹滞,礼新叙旧,禄勋合亲,任良物官。使屈罢简东国之兵于召陵,亦如之。

树达按:杜注云:"上国在国都之西。西方居上流,故谓之上国。"孔疏云："以水皆东流，西方居上流，故谓之上国。西为上则东为下，下言东则此是西，互相见也。"

（十一）

《易·坤卦·彖传》曰：西南得朋，乃与类行；东北丧朋，乃终有庆。

树达按：亡友曾运乾云："此言与同类行则无庆，不与同类行则有庆也。"义与今之电学排同引异相似。而上二句但言其事，不言其吉否；下二句言其吉否，不言其事，所谓互文以见义也。

（十二）

《左传》哀公八年云：吴师克东阳而进，舍于五梧，明日，舍于蚕室。公宾庚、公甲叔子与战于夷，获叔子与析朱锄，献于王。王曰："此同车，必使能，国未可望也。"

树达按：杜注云："公宾庚、公甲叔子并析朱锄为三人，皆同车，传互言之。"树达按：叔子与析朱锄同车，则析朱锄亦与吴战可知。叔子与析朱锄被获，则公宾庚亦被获可知。然《传》文记与吴战者只及公宾庚、公甲叔子而不及析朱锄，言被获者但及叔子与析朱锄而不及公宾庚，故杜云《传》互言之也。

（十三）

《左传》昭公四年云：祭寒而藏之，献羔而启之。

树达按：杜注祭寒云："享司寒。"又注下句云：谓二月春分，献羔祭韭，始开冰室。孔疏云：上已云"其藏冰也，黑牡秬黍以享司寒"，今复云"祭寒而藏之"，与上一事而重其文者，欲明献羔而启之还是献之于寒神，故更使藏之启之文相对也。

（十四）

《左传》桓公三年云：秋，公子翚如齐逆女。修先君之好，故曰公子。

又宣公元年云：元年春王正月，公子遂如齐逆女。尊君命也。

树达按：桓公三年《传》杜注云："昏礼虽奉时君之命，其言必称先君以为礼辞，故公子翚逆女，传称修先君之好，公子遂逆女，传称尊君命，互举其义。"宣公元年杜注云："诸侯之卿出入称名氏，所以尊君命。"树达按：杜解《传》意，谓二文不同，非是矛盾，乃由修好易尊命二事兼行，两传各举其一耳。

（十五）

《春秋》僖公二十九年云：夏六月，会王人、晋人、宋人、齐人、陈人、蔡人、秦人盟于翟泉。《传》云：夏，公会王子虎、晋狐偃、宋公孙固、齐国归父、陈辕涛涂、秦小子慭盟于翟泉。卿不书，罪之也。在礼，卿不会公侯，会伯子男可也。

　　树达按：杜注云："鲁侯讳盟天子大夫，诸侯大夫又违礼盟公侯，王子虎违礼下盟，故不言公会，又皆称人。"

《春秋》襄公八年云：季孙宿会晋侯、郑伯、齐人、宋人、卫人、邾人于邢丘。《传》云：季孙宿齐高厚、宋向戌、卫宁殖、邾大夫会之。大夫不书，尊晋侯也。

　　树达按：李廉云："尊晋侯者，不以大夫敌诸侯也。"

又襄公二十六年云：公会晋人郑良霄、宋人、曹人于澶渊。《传》云：六月，公会晋赵武、宋向戌、郑良霄、曹人于澶渊。赵武不书，尊公也。

　　树达按：杜注云："罪武会诸侯。"孔疏云："僖二十九年，诸侯之卿会公于翟泉，皆贬之称人。"《传》曰："卿不书，罪之也。八年，诸侯之卿会晋于邢丘，亦贬称人。"《传》曰："大夫不书，尊晋侯也。"然则尊公侯，罪大夫，其义一也，传文互相见耳。此言赵武不书，尊公也，亦是罪武也，故杜云：罪武会公侯也。

（十六）

《汉书》卷一《高帝纪》云：元年二月，羽自立为西楚霸王，王梁楚地九郡，都彭城。背约更立沛公为汉王，王巴蜀汉中四十一县，都南郑。三分关中，立秦三将，章邯为雍王，都废丘；司马欣为塞王，都栎阳；董翳为翟王，都高奴。楚将瑕丘申阳为河南王，都洛阳。赵将司马卬为殷王，都朝歌。当阳君英布为九江王，都六。怀王柱国共敖为临江王,都江陵。番君吴芮为衡山王,都邾。故齐王建孙田安为济北王。徙魏王豹为西魏王,都平阳。徙燕王韩广为辽东王。燕将臧荼为燕王,都蓟。徙齐王田市为胶东王,齐将田都为齐王,都临菑。徙赵王歇为代王。赵相张耳为常山王。

又卷三十一《项籍传》云:立沛公为汉王,王巴、蜀、汉中。而三分关中,王秦降将以距塞汉道。乃立章邯为雍王,王咸阳以西;长史司马欣,故栎阳狱吏,尝有德于梁;都尉董翳本劝章邯降,故立欣为塞王,王咸阳以东至河;立翳为翟王,王上郡。徙魏王豹为西魏王,王河东。瑕丘公中阳者,张耳嬖臣也,先下河南迎楚河上,立阳为河南王。赵将司马卬定河内数有功,立卬为殷王,王河内。徙赵王歇王代。赵相张耳素贤,又从入关,立为常山王,王赵地。当阳君英布为楚将,常冠军,立布为九江王。番君吴芮帅百粤佐诸侯,从入关,立芮为衡山王。义帝柱国共敖将兵击南郡,功多,因立为临江王。徙燕王韩广为辽东王。燕将臧荼从楚救赵,因从入关,立荼为燕王。徙齐王田市为胶东王。齐将田都从共救赵入关,立都为齐王。故秦所灭齐王建孙田安,羽方渡河救赵,安下济北数城,引兵降羽,立安为济北王。羽自立为西楚霸王,王梁楚地九郡,都彭城。

树达按:《高祖纪》除项羽汉王外,诸所封王皆不叙其所王之地,而但述其所都。《籍传》则除羽外皆不述其所都,而独详载其被封之由及所王之地,此互相备也。

(十七)

《汉书》卷八《宣帝纪》云:封贺所子弟子侍中中郎将彭祖为

阳都侯。

又卷五十九《张安世传》云：其封贺弟子侍中关内侯彭祖为阳都侯。

  树达按：周寿昌《汉书注校补》卷四云："《宣帝纪》无'关内侯'三字，《安世传》无'中郎将'三字，所谓互文以征实也。"

（十八）

《汉书》卷八《宣帝纪》云：丙吉为廷尉监，治巫蛊于郡邸，怜曾孙之无辜，使女徒复作淮阳赵征卿、渭城胡组更乳养，私给衣食，视遇甚有恩。

又卷七十四《丙吉传》云：吉识，谓则曰："汝尝坐养皇曾孙不谨督笞，汝安得有功！独渭城胡组、淮阳郭征卿有恩耳。"

  树达按：《宣纪》颜注云："赵征卿，淮阳人。"而《丙吉传》云："郭征卿。"纪传不同，未知孰是。周寿昌云："此复作女徒，或传其家姓，或传其夫姓，故纪传有异同也。"树达按：周说是也。

（十九）

《汉书》卷三十一《项籍传》云：梁已破东阿下军，遂追秦军，数使使趣齐兵俱西。荣曰："楚杀田假，赵杀田角田闲，乃发兵。"梁曰："田假，与国之王，穷来归我，不忍杀。"

又卷三十三《田儋传》云：项梁既追章邯，章邯兵益盛，项梁使使趣齐兵共击章邯。荣曰："楚杀田假，赵杀角闲，乃出兵。"楚怀王曰："田假，与国之王，穷而归我，杀之，不谊。"

  树达按：宋祁校《籍传》云：田假与国之王又在《田儋传》，作怀王语。刘奉世校《田儋传》云：谓田假与国之王者，项梁之语也。见《羽传》中。朱一新《汉书管见》卷三云：是时怀王拥虚位，兵事一决于梁，《田儋传》存其名，《项籍传》则从其实也。

（二十）

《汉书》卷三十一《项籍传》云：田荣自立为齐王，予彭越将军印，令反梁地，越乃击杀济北王田安。

  又卷三十三《田儋传》云：荣攻杀济北王安，自立为王。

  树达按：何焯校《籍传》云："《田儋传》：荣还攻杀安，与《异姓诸侯王表》同。云越杀，误也。"赵翼亦谓《史记》自相歧误。树达按：时彭越属荣，越杀即荣杀也。《田儋传》及《诸侯王表》据其名，《项籍传》纪其实耳。何赵说并误。

（二十一）

《汉书》卷六十《杜延年传》云：左将军上官桀父子与盖主燕王谋为逆乱，假稻田使者燕仓知其谋，以告大司农杨敞。

  又卷六十三《燕王旦传》云：会盖主舍人父燕仓知其谋，告之，由是发觉。

  树达按：同一燕仓，一叙其官名，一叙其亲属关系，亦互文也。

二、举隅

（一）

《易·说卦》云：帝出乎震，齐乎巽，相见乎离，致役乎坤，说言乎兑，战乎乾，劳乎坎，成言乎艮。万物出乎震；震，东方也。齐乎巽；巽，东南也。齐也者，言万物之絜齐也。离也者，明也，万物皆相见，南方之卦也；圣人南面而听天下，向明而治，盖取诸此也。坤也者，地也，万物皆致养焉，故曰致役乎坤。兑，正秋也，万物之所说也，故曰说言乎兑。战乎乾；乾，西北之卦也，言阴阳相薄也。坎也者，水也，正北方之卦也；劳卦也，万物之所归也，故曰劳乎坎。艮，东北之卦也，万物之所成终而成始也，故曰成言乎艮。

树达按：顾炎武《日知录》卷一云："坤不言西南之卦，兑不言西方之卦，举六方之卦而见之也。虞仲翔以为坤道广布，不主一方，及兑象不见西者，妄也。"

（二）

《诗·鲁颂·閟宫》云：春秋匪解，享祀不忒。

树达按：郑笺云："春秋犹言四时也。"孔颖达《正义》云："作者错举春秋以明冬夏,故云:春秋犹言四时也。"又《左传正义》卷一《春秋序疏》云:"春先于夏,秋先于冬,举先可以及后,言春足以兼夏,言秋足以见冬,故举二字以包四时也。"

(三)

《礼记》五《王制篇》云:大国之卿不过三命;下卿再命;小国之卿与下大夫一命。

  树达按:郑注云:"不著次国之卿者,以大国之下互明之。"孔疏云:"以大国之卿不过三命,则知次国之卿不过再命;大国下卿再命,则知次国下卿一命;故云互明之。"

(四)

《礼记》二十二《丧大记篇》云:复者朝服;君以卷,夫人以屈狄。

  树达按:郑注云:"君以卷,谓上公也;夫人以屈狄,互言耳。上公以衮,则夫人用袆衣;而侯伯以鷩,其夫人用揄狄;子男以毳,其夫人乃用屈狄矣。"孔疏云:"男子举上公,妇人举子男之妻。男子举上以见下,妇人举下以见上,是互言也。"

(五)

《左传》昭公四年云:左师献公合诸侯之礼六,子产献伯、子、男会公之礼六。

树达按：俞樾《古书疑义举例》卷二云："其曰公者，盖兼侯而言。公合诸侯，谓公侯合伯、子、男也；伯子男会公，谓伯子男会公侯也。"

（六）

《左传》哀公十三年云：子服景伯对使者曰："王合诸侯，则伯帅侯牧以见于王；伯合诸侯，则侯帅子、男以见于伯。"

树达按：孔疏云：王合诸侯，则伯帅侯牧，当如《康王之诰》（《书》）太保帅西方诸侯，毕公帅东方诸侯以见于王也，计当尽帅诸侯，独言帅侯牧者，举尊而言，其实尽帅之也。伯合诸侯，则侯帅子男，侯谓牧也，牧帅诸国之君见于伯也。亦当尽帅在会诸侯，独云子男，举小为言，其实亦见在会者尽帅以见伯也。俞樾云：此伯字杜注谓诸侯长，非五等之伯。其曰侯者，盖兼公而言；其曰子男者，盖兼伯而言，谓公侯帅伯子男以见于伯也。古者公侯为一等，伯子男为一等，故举公可以兼侯，举侯可以兼公，举子男可以兼伯，亦举此以见彼之例也。

（七）

《左传》襄公二年云：莱人使正舆子赂夙沙卫以索马牛，皆百匹。

树达按：《正义》云："《司马法》：'丘出马一匹，牛三头，则牛当称头，而亦云匹者，因马而名牛曰匹，并言之耳。'"

（八）

《左传》昭公九年云：先王居梼杌于四裔以御魑魅。

树达按：杜注云："言梼杌，略举四凶之一。下言四裔，则三苗在其中。"孔疏云：文十八年《传》称："舜臣尧，流四凶族，浑敦、穷奇、梼杌、饕餮，投诸四裔以御魑魅。"先儒皆以为浑敦，驩兜也；穷奇，共工也；梼杌，鲧也；饕餮，三苗也。此传以晋率阴戎伐颍，止须言饕餮耳，而云梼杌者，略举四凶之一耳。下言四裔，则三苗在其中可知也。若直说鲧，当言居梼杌于羽山，不须言四裔也。

（九）

《汉书》卷四十八《贾谊传》云：贾谊，洛阳人。

又卷六十四《贾捐之传》云：贾捐之，字君房，贾谊之曾孙也。

树达按：《捐之传》不复叙其为洛阳人，以已见《谊传》故也。

（十）

《汉书》卷五十五《霍去病传》云：霍去病，大将军青姊少儿子也。

又卷六十八《霍光传》云：霍光字子孟，票骑将军去病弟也。父中孺，河东平阳人也。

树达按：《去病传》不记其邑里，以《光传》已详故也。

（十一）

《说文》云：木，东方之行也。金，西方之行。火，南方之行。水，北方之行。

　　树达按：钱大昕《十驾斋养新录》卷四云："言此，则土为中央之行可知。"

（十二）

又云：咸，北方味也。

　　树达按：钱氏云："酸苦辛甘皆不言方。"

（十三）

又云：羽，水音也。

　　树达按：钱氏云："宫商徵角皆不言音。"

（十四）

又云：青，东方色也。赤，南方色也。白，西方色也。

　　树达按：钱氏云："黑不言北方。"

（十五）

又云：黄，地之色也。

　　树达按：钱氏云："玄不言天之色。"

（十六）

又云：钟，秋分之音。鼓，春分之音。

　　树达按：钱氏云："不言二至。"

（十七）

又云：笙，正月之音。管，十二月之音。

　　树达按：钱氏云："不言余月。"

（十八）

又云：龙，鳞虫之长。

　　树达按：钱氏云："毛羽介虫之长不言。此皆举一二以见例，非有遗漏也。"

（十九）

《说文》六篇上《林部》云：棽，木枝条棽俪貌。

又八篇上《人部》云：俪，棽俪也。

树达按：段玉裁注云："义已见《林部》，故此但云棽俪也。"

三、举隅反例

（一）

《后汉书》卷十四《马援传》云：马援字文渊，扶风茂陵人也。

又卷五十《马融传》云：马融字季长，扶风茂陵人也，将作大匠严之子。

树达按：章学诚《乙卯劄记》云："马融为马援兄余之孙，兄子严之子。《后汉书》列《马援传》十四，《马融传》五十，融籍里已详《援传》，则《融传》但著严子可也。范氏复叙扶风茂陵，不相顾也。"

第八章 双关

一、义的双关

（一）

《国策》卷四《秦策》云：楚绝齐，齐举兵伐楚。陈轸谓楚王曰："王不如以地东解于齐，西讲于秦。"楚王使陈轸之秦。秦王谓轸曰："子，秦人也，寡人与子故也。寡人不佞，不能亲国事也，故子弃寡人事楚王。今齐楚相伐，或谓救之便，或谓救之不便。子独不可以忠为子主计，以其余为寡人乎？"陈轸曰："王独不闻吴人之游楚者乎？楚王甚爱之。病，故使人问之曰：'诚病乎？意亦思乎？'左右曰：'臣不知其思与不思，诚思则将吴吟。'今轸将为王吴吟。"

树达按：吴吟言轸为秦人，当为秦谋也。

（二）

又云：昔者曾子处费，费人有与曾子同名族者而杀人。人告曾子母曰："曾参杀人。"曾子之母曰："吾子不杀人！"织自若。有顷焉，人又曰："曾参杀人。"其母尚织自若也。顷之，一人又告之曰："曾参杀人。"其母惧，投杼逾墙而走。夫以曾参之贤与母之信也，而三人疑之，则慈母不能信也。今臣之贤不及曾子，而王之信臣，又未若曾子之母也，疑臣者不适三人，臣恐王为臣之投杼也。

（三）

又云：甘茂亡秦，且之齐。出关，遇苏子。曰："君闻夫江上之处女乎？"苏子曰："不闻。"曰："夫江上之处女有家贫而无烛者，处女相与语，欲去之。家贫无烛者将去矣，谓处女曰：'妾以无烛故，常先至，扫室布席，何爱余明之照四壁者，幸以赐妾，何妨于处女？妾自以有益于处女，何为去我？'处女相语，以为然，而留之。今臣不肖，弃逐于秦而出关。愿为足下扫室布席，幸无我逐也！"苏子曰："善，请重公于齐。"

（四）

又卷十《齐策》三云：齐欲伐魏，淳于髡谓齐王曰："韩子卢者，天下之疾犬也；东郭逡者，海内之狡兔也。韩子卢逐东郭逡，环山者三，腾山者五，兔极于前，犬废于后，犬兔俱罢，各死其处。田父见之，无劳勌之苦而擅其功。今齐魏久相持以顿其兵，弊其众，臣恐强秦大楚承其后，有田父之功。"齐王惧，谢将休士也。

（五）

又卷三十《燕策》云：苏代为燕说齐，未见齐王，先说淳于髡曰："人有卖骏马者，比三旦立市，人莫之知。往见伯乐曰：'臣有骏马，欲卖之。比三旦立于市，人莫与言。愿子还而视之，去而顾之！臣请献一朝之贾。'伯乐乃还而视之，去而顾之，一旦而马价十倍。今臣欲以骏马见于王，莫为臣先后者，足下有意为臣伯乐乎？臣请献白璧一双，黄金千镒，以为马食。"淳于髡曰："谨闻命矣。"入言之王而见之，齐王大说苏子。

（六）

《庄子》二十《山木篇》云：市南宜僚见鲁侯，鲁侯有忧色。市南子曰："君有忧色，何也？"鲁侯曰："吾学先王之道，修先君之业，吾敬鬼尊贤，亲而行之，无须臾离，居然不免于患，吾是以忧。"市南子曰："君之除患之术浅矣！夫丰狐文豹，栖于山林，伏于岩穴，静也；夜行昼居，戒也。虽饥渴隐约，犹且胥疏于江湖之上而求食焉，定也。然且不免于罔罗机辟之患。是何罪之有哉？其皮为之灾也。今鲁国独非君之皮邪？吾愿君刳形去皮，洒心去欲，而游于无人之野。"

（七）

《吕氏春秋》卷十《孟冬纪·异用篇》云：汤见祝网者置四面，其祝曰："从天坠者，从地出者，从四方来者，皆离吾网。"汤曰："嘻！尽之矣！非桀，其孰为此也？"汤收其三面，置其一面，更教祝曰："昔蛛蝥作网罟，今之人学纾。欲左者左，欲右者右，欲高者高，欲下者下，吾取其犯命者。"汉南之国闻之，曰："汤之德及禽兽矣。"四十国归之。人置四面，未必得鸟；汤去三面，置其一面，以网其四十国，非徒网鸟也。

（八）

又卷二十一《期贤篇》云：魏文侯过段干木之闾而轼之。其仆曰："君胡为轼？"曰："此非段干木之闾欤！段干木盖贤者也，吾安敢不轼！且吾闻段干木未尝肯以己易寡人也，吾安敢骄之！段干木光乎德，寡人光乎地；段干木富乎义，寡人富乎财。"君乃致禄百万而时往馆之。于是国人皆喜，相与诵之，曰："吾君好正，段干木之敬；吾君好忠，段干木之隆。"居无几何，秦兴兵，欲攻魏，司马唐谏秦君曰："段干木，贤者也，而魏礼之，天下莫不闻，无乃不可加兵乎！"秦君以为然，乃案兵辍不敢攻之。魏文侯可谓善用兵矣。尝闻君子之用兵，莫见其形，其功已成，其此之谓也。

（九）

《韩非子·说难篇》云：夫龙之为虫也，可扰狎而骑也，然其喉下有逆鳞径尺，若人有婴之者，则必杀人。人主亦有逆鳞，说者能无婴人主之逆鳞，则几矣。

（十）

又《说林上篇》云：陈轸贵于魏王，惠子曰："必善事左右。夫杨，横树之即生，倒树之即生，折而树之，又生。然使十人树之而一人拔之，则毋生杨矣。至以十人之众树易生之物而不胜一人者，何也？树之难而去之易也。子虽工自树于王，而欲去子者众，子必危矣。"

（十一）

又《显学篇》云：故善毛嫱西施之美，无益吾面；用脂泽粉黛，则倍其初。言先王之仁义，无益于治；明吾法度，必吾赏罚者，亦国之脂泽粉黛也。胡明主急其功而缓其颂，故不道仁义。

（十二）

《新序》卷七《节士篇》云：齐攻鲁，求岑鼎，鲁君载岑鼎往，齐侯不信而反之，以为非也。使人告鲁君："柳下惠以为是，因请受之。"鲁君请于柳下惠。柳下惠对曰:"君之欲以为岑鼎也,以免国也;臣亦有国于此。破臣之国以免君之国,此臣所难也。"鲁君乃以真岑鼎往。柳下惠可谓守信矣!非独存己之国也,又存鲁君之国。

(十三)

《汉书》卷四十五《蒯通传》云:初,齐王田荣怨项羽,谋举兵畔之,劫齐士,不与者死。齐处士东郭先生梁石君在劫中,强从。及田荣败,二人丑之,相与入深山隐居。客谓通曰:"先生之于曹相国,拾遗举过,显贤进能,齐国莫若先生者。先生知梁石君东郭先生世俗所不及,何不进之于相国乎?"通曰:"诺。臣之里妇与里之诸母相善也,里妇夜亡肉,姑以为盗,怒而逐之。妇晨去,过所善诸母,语以事而谢之。里母曰:'女安行!我今令而家追女矣。'即束缊请火于亡肉家。曰:'昨暮夜,犬得肉,争斗相杀,请火治之。'亡肉家遽追呼其妇。故里母非谈说之士也;束缊乞火,非还妇之道也。然物有相感,事有适可。臣请乞火于曹相国。"乃见相国曰:"妇人有夫死三日而嫁者,有幽居守寡不出门者。足下即欲求妇,何取?"曰:"取不嫁者。"通曰:"然则求臣亦犹是也。彼东郭先生梁石君,齐之俊士也,隐居不嫁,未尝卑节下意以求仕也。愿足下使人礼之!"曹相国曰:"敬受命。"皆以为上宾。

  树达按:乞火于曹相国固双关之词,即隐居不嫁亦然。洪亮吉《四史发伏》卷五云:"《尔雅》:'嫁,往也。'《方言》:'自家而出谓之嫁。'此与《列子》'嫁于卫'意同。"则失原文修词之意矣。

二、音的双关

（一）

宋郭茂倩《乐府诗集》卷四十六《懊侬歌》云：我有一所欢，安在深阁里。桐树不结花，何由得梧子。

　　树达按：梧子双关吾子。

（二）

又《华山畿》云：别后常相思，顿书千丈阙，题碑无罢时。

又《读曲歌》云：打坏木栖床，谁能坐相思？三更书石阙，忆子夜题碑。

　　树达按：题碑谓啼悲也。《读曲歌》崇文局刻本作啼碑，义不可通，误。今正作题，始与书石阙相应。

（三）

又《读曲歌》云：千叶红芙蓉，照灼绿水边，余花任郎摘，慎莫罢侬莲。又云：罢去四五年，相见论故情，杀荷不断藕，莲心已复生。

　　树达按：莲双关怜。

（四）

又云：奈何不可言，朝看莫牛迹，知是宿蹄痕。

　　树达按：蹄双关啼，谓哭也。

（五）

又云：奈何许？石阙生口中，衔碑不得语。

　　树达按：衔碑谓衔悲也。

（六）

又云：非欢独慊慊，侬意亦驱驱，双灯俱时尽，奈许两无油。

又云：下帷掩灯烛，明月照帐中，无油何所苦，但使天明侬。

又云：十期九不果，常抱怀恨生，然灯不下炷，有油那得明。

　　树达按：油谓由也。

（七）

又云：执手与欢别，合会在何时？明灯照空局，悠然未有棋。

又云：坐倚无精魂，使我生百虑，方局十七道，棋会是何处？

　　树达按：期棋双关。

（八）

又云：执手与欢别，欲去情不忍，余光照己藩，坐见篱日尽。

树达按：篱谓离。

（九）

又云：一夕就郎宿，通夜语不息。黄蘗万里路，道苦真无极。

树达按：道苦，一面谓道路苦，一面谓诉说苦情。

（十）

又云：窗中独自起，帘外独自行，愁见蜘蛛织，寻丝直到明。

树达按：丝与思双关。

（十一）

宋王观国《学林》卷九云：刘沆尝使契丹，契丹与之宴。契丹曰："有酒如渑，（渑误作绳，今改。）系行人而不住。"刘应声曰："在北曰狄，吹出塞以何妨。"

树达按：孙志祖《读书脞录》卷七云："《左传》昭十二年：'有酒如渑。'"《释文》："渑音绳。"契丹特借渑绳音同喻意。刘对在北曰狄，吹出塞以何妨，亦借笛狄音同也。树达按：假渑字之音为绳，故云系也。

第九章 曲指

一、称名之曲

(一)

《左传》僖公二十六年云：齐侯未入竟，展喜从之。曰："寡君闻君亲举玉趾，将辱于敝邑，使下臣犒执事。"

树达按：杜注云："言执事，不敢斥尊。"

(二)

《左传》襄公四年云：昔周辛甲之为大史也，命百官官箴王阙。于虞人之箴曰："芒芒禹迹，画为九州，经启九道，民有寝庙，兽有茂草，各有攸处，德用不扰。在帝夷羿，冒于原兽，忘其国恤，而思其麀牡，武不可重，用不恢于夏家。兽臣司原，敢告仆夫。"

树达按：杜注云："告仆夫，不敢斥尊。"

(三)

又襄公二十六年云：晋韩宣子聘于周，王使请事，对曰："晋士起将归时事于宰旅，无他事矣。"

树达按：杜注云："宰旅，冢宰之下士。言献职贡于宰旅，不敢斥尊。"

(四)

《左传》襄公二十八年云：子大叔曰："宋之盟，君命将利小国，而亦使安定其社稷，镇抚其民人，以礼承天之休，此君之宪令，而小国之望也。寡君是故使吉奉其皮币，以岁之不易，聘于下执事。"

(五)

《礼记》十七《少仪篇》云：臣致襚于君，则曰："致废衣于贾人。"

树达按：孔疏云："臣衣送君，不敢云与君，故云致贾人也。"

(六)

《国策·燕策二》云：恐侍御者之亲左右之说而不察疏远之行也，故敢以书报。

（七）

又《燕策三》云：光窃不自外，言足下于太子。

（八）

《史记》卷六《秦始皇纪》云：今陛下兴义兵，诛残贼，平定天下，海内为郡县，法令由一统，自上古以来未尝有，五帝所不及。

树达按：《集解》云："蔡邕曰：'陛，阶也，所由升堂也。天子必有近臣立于陛侧以戒不虞。谓之陛下者，群臣与天子言，不敢指斥，故呼在陛下者与之言，因卑达尊之意也。'"

二、述事之曲

甲 通常的

（一）

《礼记》一《曲礼下篇》云：岁凶，年谷不登，君，膳不祭肺，马不食谷，驰道不除，祭事不县。大夫不食粱，士饮酒不乐。

树达按：郑注云："礼：食杀牲则祭先，不祭肺则不杀也。"

（二）

又云：君使士射，不能，则辞以疾，言曰："某有负薪之忧。"

　　树达按：孔疏云："不直云疾而云负薪者，若直云疾，则似傲慢，故陈疾之所由，明非假也。"

（三）

又二十《坊记篇》云：大夫不坐羊，士不坐犬。

　　树达按：郑注云："古者杀牲食其肉，坐其皮，不坐犬羊，是不无故杀之。"

（四）

《左传》闵公二年云：狄人伐卫。卫懿公好鹤，鹤有乘轩者。将战，国人受甲者皆曰："使鹤！鹤实有禄位，余焉能战！"

　　树达按：汪中《述学·释三九》云："鹤无乐乎干，好鹤者不求其行远，谓以卿之秩宠之，以卿之禄食之也。"故曰："鹤实有禄位。"

（五）

《公羊传》桓公十六年云：十有一月，卫侯朔出奔齐。卫侯朔何以名？绝。曷为绝之？得罪于天子也。其得罪于天子奈何？见使守卫，朔而不能使卫小众，越在岱阴齐。属负兹，舍不即罪尔。

树达按：何注云："天子有疾称不豫，诸侯称负兹，大夫称犬马，士称负薪。"《白虎通》云："天子病曰不豫，言不复豫政也。诸侯曰负子，子，民也；言忧民不复子之也。"

（六）

《论语》十《乡党篇》云：见冕者与瞽者，虽亵必以貌。

树达按：汪中云："冕非常服，当其行礼，夫人而以貌也。惟卿有玄冕；云冕者，斥其人也，谓上大夫也。"

（七）

《孟子》二《公孙丑下篇》云：昔者有王命，有采薪之忧，不能造朝。

乙 避忌的

（一）

《国策·秦策五》云：王之春秋高，一日山陵崩，太子用事，君危于累卵，而不寿于朝生。

树达按：高注云："山陵，喻尊高也；崩，死也。"

（二）

又《赵策二》云：今奉阳君捐馆舍，大王乃今然后得与士民相亲。

又《赵策四》云：今媪尊长安君之位而封以膏腴之地，多予之重器，而不及今令有功于国，一旦山陵崩，长安君何以自托于赵？

（三）

又云："老臣贱息舒祺，最少，不肖，而臣衰，窃爱怜之，愿令补黑衣之数以卫王宫。没死以闻。"太后曰："敬诺！年几何矣？"对曰："十五岁矣。虽少，愿及未填沟壑而托之。"

树达按：填沟壑，谓死也。

（四）

《史记》卷百八《韩安国传》云：今大王列在诸侯，悦一邪臣浮说，犯上禁，桡明法。天子以太后故，不忍致法于王；太后日夜涕泣幸大王自改，而大王终不觉寤。有如太后宫车即晏驾，大王尚谁攀乎？

树达按：天子死称晏驾者，本谓车驾当早出，今晚出耳，不敢斥言死也。

（五）

《史记》卷百七《魏其侯传》云：梁孝王朝，因昆弟燕饮。是时上未立太子，酒酣，从容言曰："千秋之后传梁王。"

树达按：千秋之后，谓死后也。

（六）

《史记》卷百二《张释之传》云：今盗宗庙器而族之，有如万分之一，假令愚民取长陵一抔土，陛下何以加其法乎？

树达按：张晏云："不欲指言，故以取土譬也。《索隐》云：盖不欲言盗开长陵。"

（七）

《史记》卷百七《魏其侯传》云：上初即位，富于春秋。

树达按：师古云："谓年幼也。齿历方久，故云富于春秋也。"按年幼为人之所不欲，故曲言其将来之富于春秋以饰之。

（八）

《礼记》一《檀弓上篇》云：孔子蚤作，负手，曳杖，消摇于门，歌曰："泰山其颓乎！梁木其坏乎！哲人其萎乎！"既歌而入，当户而坐。子贡闻之，曰："泰山其颓，则吾将安仰？梁木其坏，哲人其萎,则吾将安放?夫子殆将病也!"遂趋而入。夫子曰:"赐!尔来何迟也!夏后氏殡于东阶之上,则犹在阼也;殷人殡于两楹之间,则与宾主夹之也;周人殡于西阶之上,则犹宾之也。而丘也,殷人也,予畴昔之夜,梦坐奠于两楹之间。夫明王不兴,而天下其孰能宗予?予殆将死也!"盖寝疾七日而没。

  树达按:黄生《义府》卷上云:"夫子殆将病也",病者,师弟子之辞,不敢斥言其死也。树达按:黄云师弟子之辞者,子贡为孔子弟子,不忍言其师将死也。

第十章 夸张

《论衡·艺增篇》云：世俗所患，患言事增其实，著文垂辞，辞出溢其真。称美过其善，进恶没其罪。何则？俗人好奇，不奇，言不用也。故誉人不增其美，则闻者不快其意；毁人不益其恶，则听者不惬于心。闻一增以为十，见百益以为千。蜚流之言，百传之语，出小人之口，驰闾巷之间，其犹是也。诸子之文，笔墨之疏，人贤所著，妙思所集，宜如其实，犹或增之。俔经艺之言，如其实乎！言审莫过圣人，经艺万世不易，犹或出溢，增过其实。增过其实，皆有事为，不妄乱误，以少为多也。

树达按：观仲任此文，可知形容夸饰之因由矣。

（一）

《书·尧典篇》云：曰若稽古帝尧……百姓昭明，协和万邦。

树达按：《论衡·艺增篇》云：《尚书》"协和万国"，是美尧德，致太平之化，化诸夏并及夷狄也。言协和方外，可也;言万国,增之也。夫唐之与周,俱治五千里内。周时诸侯千七百九十三国,荒服戎服要服及四海之外,不粒食之民,若穿胸、儋耳、焦侥、跂踵之辈,并合其数,不能三千。天之所覆,地之所载,尽于三千之中矣。而《尚书》云"万国",褒增过实,以美尧也。欲言尧之德大,所化者众,诸夏夷狄莫不雍和,故曰万国。

(二)

又云:汤汤洪水方割,荡荡怀山襄陵,浩浩滔天。

(三)

《论衡·语增篇》云:察《武成》之篇,牧野之战,血流浮杵,赤地千里。

  树达按:梅氏《伪古文尚书·武成篇》云:"甲子昧爽,受率其旅若林,会于牧野,罔有敌于我师。前徒倒戈,攻于后,以北,血流漂杵。"又按《孟子·尽心下篇》云:"尽信《书》,则不如无《书》。吾于《武成》,取二三册而已矣。仁人无敌于天下,以至仁伐至不仁,而何其血之流杵也。"

  《论衡·艺增篇》云:"夫《武成》之篇言'武王伐纣,血流浮杵',助战者多,故至血流如此。皆欲纣之亡也,土崩瓦解,安肯战乎!言血流浮杵,亦太过焉。死者血流,安能浮杵?案武王伐纣于牧之野,河北地高燥,靡不干燥,兵顿血流,辄燥入土,安得杵浮？且周殷士卒，皆赍盛粮，无杵臼之事，安得杵而浮之？"梁刘勰《文心·夸饰篇》云："襄陵举滔天之目，倒戈立漂杵之论，辞虽已甚，其义无害也。"

树达按：刘氏以为夸饰者得之，孟子似误认以为实事矣。

（四）

《书·西伯戡黎篇》云：西伯既戡黎，祖伊恐，奔告于王曰："……今我民罔弗欲丧。"

树达按：《论衡·艺增篇》云：《尚书》曰："祖伊谏纣曰：'今我民罔不欲丧。'"罔，无也；我天下民无不欲王亡者。夫言欲王之亡，可也；言无不，增之也。纣虽恶，民臣蒙恩者非一，而祖伊增语，欲以惧纣也。故曰："语不益，心不惕；心不惕，行不易。"增其语，欲以惧之，冀其警悟也。

（五）

《诗·卫风·河广篇》云：谁谓河广？曾不容刀。

树达按：《文心·夸饰篇》云："论狭则河不容舠。"按：舠，小船也。《诗》文刀借为舠。

（六）

又《小雅·鹤鸣篇》云：鹤鸣于九皋，声闻于天。

树达按：《论衡·艺增篇》云：《诗》云："鹤鸣九皋，声闻于天。"言鹤鸣九折之泽,声犹闻于天,以喻君子修德穷僻,名犹达朝廷也。其闻高远可矣;言其闻于天,增之也。彼言声闻于天,见鹤鸣于云中,从地听之,度其声鸣于地,当复闻于天也。夫鹤鸣云中,人闻声,仰而视之,目见其形。耳目同力,耳闻其声,则目见其形矣。然则耳目所闻见,不过十里,使参天之鸣,人不能闻也。何则?天之去人,以万数,远则目不能见,耳不能闻。今鹤鸣,从下闻之,鹤鸣近也。以从下闻其声,则谓其鸣于地当复闻于天,失其实矣。其鹤鸣于云中,人从下闻之,如鸣于九皋,人无在天上者,何以知其闻于天上也?无以知,意从准况之也。诗人或时不知,至诚以为然,或时知,而欲以喻事,故增而甚之。

(七)

又《大雅·绵篇》云:周原朊朊,堇荼如饴。

树达按:荼,苦菜也。《文心·夸饰篇》云:"荼味之苦,宁以周原而成饴?"并意深褒赞,故义成矫饰。

(八)

又《大雅·假乐篇》云:干禄百福,子孙千亿。

树达按:《论衡·艺增篇》云:"《诗》言'子孙千亿',美周宣王之德能顺天地,天地祚之,子孙众多,至于千亿。言子孙众多,可也;言千亿,增之也。夫子孙虽众,不能千亿。诗人颂美,增益其实。案后稷始受邰封,讫于宣王,宣王以至外族内属,血脉所连不能千亿。夫千与万,数之大名也。万言众多,故《尚书》言万国,《诗》言千亿。"树达按:《毛序》云:嘉成王。王云:美宣王,乃三家诗说,故与毛不同。《文心·夸饰篇》云:说多则子孙千亿。

(九)

又《大雅·云汉》云:旱既太甚,则不可推。兢兢业业,如霆如雷。周余黎民,靡有孑遗。

树达按:《孟子·万章上篇》云:"故说《诗》者不以文害辞,不以辞害志。以意逆志,是为得之。"如以辞而已矣,《云汉》之诗曰:"周余黎民,靡有孑遗。"信斯言也,是周无遗民也。《论衡·艺增篇》云:"《诗》曰:'维周黎民,靡有孑遗。'是谓周宣王之时,遭大旱之灾也。诗人伤旱之甚,民被其害,言无有孑遗一人不愁痛者。夫旱甚则有之矣,言无孑遗一人,增之也,夫周之民,犹今之民也。使今之民也,遭大旱之灾,贫羸无蓄积,扣心思雨。若其富人,谷食饶足者,廪囷不空,口腹不饥,何愁之有?天之旱也,山林之间不枯,犹地之水丘陵之上不湛也。山林之间,富贵之人必有遗脱者矣。而言靡有孑遗,增益其文,欲言旱甚也。"《文心·夸饰篇》云:"称少则民靡孑遗。"

(十)

又《大雅·崧高篇》云:崧高维岳,峻极于天。

树达按:《文心·夸饰篇》云:"言峻则嵩高极天。"

（十一）

《礼记》二十一《杂记下篇》云：晏平仲祀其先人，豚肩不揜豆。

树达按：清汪中《述学·释三九》云："豚实于俎，不实于豆。豆径尺，併豚两肩，无容不揜，此言乎其俭也。"

（十二）

又十九《乐记篇》云：武王克殷，及商，未及下车而封黄帝之后于蓟，封帝尧之后于祝，封帝舜之后于陈。

树达按：汪中云："大封必于庙，因祭策命，不可于车上行之，此言乎以是为先务也。"

（十三）

《国策》八《齐策一》云：临淄之涂，车毂击，人肩摩，连衽成帷，举袂成幕，挥汗成雨。

树达按：《论衡·艺增篇》云："苏秦说齐王曰：'临菑之中，车毂击，人肩磨，举袖成幕，连衽成帷，挥汗成雨。'齐虽炽盛，不能如此。苏秦增语，激齐王也。祖伊之谏纣，犹苏秦之说齐王也。贤圣增文，外有所为，内未必然。"

（十四）

《离骚》云：亦余心之所善兮，虽九死其犹未悔。

树达按：汪中云："死不能有九也。"

（十五）

《韩诗外传》云：周公一沐三握发，一饭三吐哺，犹恐失天下之士。

　　树达按：清焦循《易余籥录》卷十一云："《淮南·氾论训》又称禹一馈而十起，一沐而三握发，以劳天下之民，然则吐哺握发乃极形其勤耳，非真有如是事也。"《金楼子》云："吾于天下亦不贱也。所以一沐三握发，一食再吐哺者，正以名节未立也。梁孝元亦岂真有此事哉！"（按《黄氏日钞》已有是说）

（十六）

司马相如《上林赋》云：奔星更于闺闼，宛虹拖于楯轩。

　　树达按：《文心·夸饰》云："上林之馆，奔星与宛虹入轩。"

（十七）

《史记》卷七《项羽纪》云：樊哙遂入，披帷西向立，嗔目视项王，头发上指，目眦尽裂。

（十八）

又卷八十一《廉颇传》云：秦军军武安西。秦军鼓噪勒兵，武安屋瓦尽振。

（十九）

又卷八十一《蔺相如传》云：相如因持璧却立，倚柱，怒发上冲冠。

（二十）

杨雄《甘泉赋》云：鬼魅不能自逮兮，半长途而下颠。

　　树达按：《文心·夸饰篇》云：言峻极则颠坠于鬼神。

（二十一）

《东观汉记》云：赤眉降后，积甲与熊耳山齐。《后汉书》卷十一《刘盆子传》云：积兵甲宜阳城西，与熊耳山齐。

　　树达按：《史通》二十《暗惑篇》云："盆子既亡，弃甲诚众，必与山比峻，则未之有也。"昔《武成》云："前徒倒戈"，"血流漂杵"。孔安国曰："盖言之甚也。"如积甲与熊耳山齐者，抑亦血流漂杵之徒与！

（二十二）

李白《秋浦歌》云：白发三千丈。

第十一章 存真

一、语气

甲 曼止

（一）

《尚书·立政篇》云：周公若曰："拜手稽首告嗣天子王矣，用咸戒于王曰：'王左右常伯，常任，准人，缀衣，虎贲……'"周公曰："呜呼！休兹！知恤鲜哉！"

树达按：清阎若璩《古文尚书疏证》卷一云：王恭简樵云："周公以立政之道得人为本，是以率群臣将有言于王而赞之曰：'拜手稽首告嗣天子王矣。'群臣用皆进戒曰：'王左右之臣有牧民之长曰常伯，有任事之公卿曰常任，有守法之有司曰准人。三事之外，掌服器者曰缀衣，掌禁卫者曰虎贲……'群臣之辞未毕，周公叹息言曰：'美矣此官！然知恤得其人者少哉！'周公与群臣之言错互相足,古书无此体,盖史官在旁亲见而记之,所谓堪画者也。"

(二)

《左传》襄公四年云:魏绛曰:"诸侯新服,陈新来和,将观于我。我德则睦,否则携贰。劳师于戎,而楚伐陈,必弗能救,是弃陈也,诸毕必叛。戎,禽兽也,获戎失华,无乃不可乎!《夏训》有之曰:'有穷后羿……'"公曰:"后羿何如?"对曰:"昔有夏之方衰也,后羿自鉏迁于穷石,因夏民以代夏政。恃其射也,不修民事而淫于原兽,弃武罗伯因熊髡龙圉而用寒浞。寒浞,伯明氏之才子弟也。伯明后寒弃之,夷羿收之,信而使之,以为己相。浞行媚于内而施赂于外,愚弄其民而虞羿于田,树之诈慝以取其国家,外内咸服。羿犹不悛,将归自田,家众杀而烹之,以食其子,其子不忍食诸,死于穷门。靡奔有鬲氏。"

树达按:"有穷后羿",语气未完。

(三)

又襄公二十五年云:丁丑,崔杼立而相之,庆封为左相。盟国人于太宫,曰:"所不与崔庆者……"晏子仰天叹曰:"婴所不唯忠于君利社稷者是与,有如上帝。"乃歃。

树达按:杜注云:"盟书云:'所不与崔庆者,有如上帝。'读书未终,晏子抄答易其辞,因自歃。"

（四）

《汉书》卷六十五《东方朔传》云：上以朔口谐辞给，好作问之。尝问朔曰："先生视朕何如主也？"朔对曰："自唐虞之隆，成康之际，未足以谕当世。臣伏观陛下功德陈五帝之上，在三王之右。非若此而已，诚得天下贤士公卿在位咸得其人矣，譬若以周邵为丞相，孔丘为御史大夫，太公为将军，毕公高拾遗于后，弁严子为卫尉，皋陶为大理，后稷为司农，伊尹为少府，子赣使外国，颜闵为博士，子夏为太常，益为右扶风，季路为执金吾，契为鸿胪，龙逢为宗正，伯夷为京兆，管仲为冯翊，鲁般为将作，仲山甫为光禄，申伯为太仆，延陵季子为水衡，百里奚为典属国，柳下惠为大长秋，史鱼为司直，蘧伯玉为太傅，孔父为詹事，孙叔敖为诸侯相，子产为郡守，王庆忌为期门，夏育为鼎官，羿为旄头，宋万为式道侯……"上乃大笑。

树达按："宋万为式道侯"以下，语气未完。

乙 嗫嚅

（一）

《史记》卷八《高祖纪》云：诸侯及将相相与共请尊汉王为皇帝，汉王曰："吾闻：帝，贤者有也。空言虚语，非所守也。吾不敢当帝位。"群臣皆曰："大王起微细，诛暴逆，平定四海，有功者辄裂地而封为王侯。大王不尊号，皆疑不信。臣等以死守之。"汉王三让，不得已曰："诸君必以为便……便……国家……"甲午，乃即皇帝位氾水之阳。

树达按：《汉书》改云："诸侯王幸以为便于天下之民，则可矣。"文气虽完而原文之语态失矣。

（二）

又卷百二《张释之传》云：今盗宗庙器而族之，有如……万分之一……假令……愚民取长陵一抔土，陛下何以加其法乎？

树达按：长陵，高帝陵。此言人掘高祖陵，故嗫嚅不能出其言如此。

（三）

又卷百八《韩安国传》云：今大王列在诸侯，悦一邪臣浮说，犯上禁，桡明法。天子以太后故，不忍致法于王。太后日夜涕泣，幸大王自改，而大王终不觉寤。有如……太后宫车即……晏驾，大王尚谁攀乎？

丙　謇吃

（一）

《尚书·顾命》云：昔君文王武王，宣重光，奠丽陈教，则肄……肄……不违。

树达按：清江声《尚书集注音疏》卷九云："肆，习也。重言之者，病甚气喘而语吃也。"

（二）

《史记》卷九十六《张苍传》云：及帝欲废太子而立戚姬子如意为太子，大臣固争之，莫能得。上以留侯策即止，而周昌廷争之强，上问其说。昌为人吃：又盛怒，曰："臣口不能言，然臣期……期……知其不可。陛下虽欲废太子，臣期……期……不奉诏。"上欣然而笑。

树达按：《正义》云："昌以口吃，每语故重言期期也。"

二、语辞

甲　正例

（一）

《史记》卷四十八《陈涉世家》云：涉已为王，王陈，其故人尝与庸耕者闻之，之陈，扣宫门曰："吾欲见涉。"宫门令欲缚之，自辩数乃置，不肯为通。陈王出，遮道而呼涉。陈王闻之，乃召见，载与俱归，入宫，见殿屋帷帐，客曰："夥颐！涉之为王沈沈者！"楚人谓多为夥，故天下传之，夥涉为王，由陈涉始。

（二）

《晋书》卷四十三《王衍传》云：衍总角尝造山涛，涛嗟叹良久，既去，目而送之，曰："何物老妪，生宁馨儿！然误天下苍生者，未必非此人也！"

（三）

裴政《梁太清实录》云：元帝使王琛聘魏，长孙俭谓宇文曰："王琛眼睛全不转。"公曰："瞎奴使痴人来，岂得怨我！"

树达按：《史通·杂说下篇》云："此言与王劭宋孝王所载相类，可谓真宇文之言，无愧于实录矣。"

（四）

《北齐书》卷十二《琅邪王俨传》云：俨辞曰："士开昔来实合万死，谋废至尊，剃家家头使作阿尼。"

树达按：同卷《南阳王绰传》云："绰兄弟皆呼嫡母为家家。"

（五）

《旧唐书》卷八十九《狄仁杰传》云：武后谓仁杰曰："安得一好汉用之！"仁杰曰："荆州长史张柬之，宰相才也。"

树达按：《新唐书》入《张柬之传》，改文中好汉为奇士。

宋蔡絛《铁围山丛谈》卷三云："王性之铚，博洽士也。"尝语吾："宋景文作《唐书》，尚才语，遂多易前人之言，非不佳也。至若《张汉阳传》，前史载武后问狄仁杰：'朕欲得一好汉！'是语虽勿文，宁不见当时吐辞英气耶！景文则易之曰：'安得一奇士用之！'此固雅驯，然失英气矣。"

（六）

《旧唐书》卷五十三《李密传》云：为左归侍，在仗下。炀帝谓宇文述曰："个小儿视瞻异常，勿令宿卫！"

　　树达按：王鸣盛《十七史商榷》云："《新书》改作'此儿顾盼不常，无入卫！'此等却对仍旧为佳。"《通鉴》第百八十五卷："炀帝好效吴语，谓萧后曰：'外间大有人图侬。'"胡三省注："吴人自称曰侬。"个小儿，亦吴语也。

（七）

杜牧《范阳卢秀才墓志》云：生年二十，未知古有人曰周公孔夫子者。

　　树达按：宋陆游《老学庵笔记》卷二云："盖谓世虽农夫卒伍，下至臧获，皆能言孔夫子，而卢生犹不知，所以甚言其不学也。若曰周公孔子，则失其指矣。"

（八）

《五代史》卷十《汉高祖纪》云：契丹耶律德光送高祖至潞州，临决，指知远曰："此都军甚操剌！无大故，勿弃之！"

树达按：徐无党注云："世俗谓勇猛为操剌，录其本语。"清王鸣盛《十七史商榷》卷九十八云："今人以雄猛为插剌，当即此意。"树达按：闻今蜀人尚有此语，犹俗言利害。

（九）

又卷三十《王章传》云：章尤不喜文士，尝语人曰："此辈与一把算子，未知颠倒，何益于国耶！"

（十）

又卷三十《刘铢传》云：铢尝切齿于史弘肇、杨邠等。已而弘肇等死，铢谓李业等曰："诸君可谓偻㑩儿矣！"

树达按：宋罗大经《鹤林玉露》卷十五云："偻㑩，俗言狡猾也。欧史闲书俗语，甚奇。"

（十一）

又卷三十二《王彦章传》云：彦章武人，不知书，常为俚语谓人曰："豹死留皮，人死留名。"其于忠义盖天性也。

（十二）

又卷五十五《刘岳传》云：宰相冯道世本田家，状貌质野，朝士多笑其陋。道旦入朝，兵部侍郎任赞与岳在其后，道行，数反顾。赞问岳："道反顾，何为？"岳曰："遗下《兔园策》尔。"《兔园策》者，乡校俚儒教田夫牧子之所诵也，故岳举以诮道。道闻之，大怒，徙岳祕书监。

树达按：宋陈世崇《随隐漫录》卷一云："豹死留皮，人死留名"，"朝事梁，暮事晋"，"遗下《兔园策》尔"，"此辈与一把算子，未知颠倒，何益于君国"，"可谓偻㑩儿矣"，"煮粥饭僧者"，"都头甚操刺"，六一公化俗语为神奇者也。

（十三）

又卷五十四《冯道传》云：耶律德光尝问道曰："天下百姓如何救得？"道为俳语以对曰："此时佛出救不得，惟皇帝救得。"人皆以为契丹不夷灭中国之人者，赖道一言之善也。

（十四）

又卷五十五《刘昫传》云：是时三司闻宣麻罢昫相，皆欢呼，相贺曰："自此我曹快活矣！"

树达按：上二传亦皆用俗语。

（十五）

又卷五十七《李崧传》云：晋高祖深德之，阴遣人谢崧曰："为浮屠者必合其尖。"盖欲使崧终始成己事也。

（十六）

又卷十《汉高祖纪》云：遣牙将王峻奉表契丹，耶律德光呼之为儿，赐以木枴。

（十七）

又卷二十八《任圜传》云：天下皆知崔协不识文字而虚有仪表，号为没字碑。

又卷四十八《安叔千传》云：叔千状貌堂堂，而不通文字，所为鄙陋，人谓之没字碑。

树达按：清王鸣盛《十七史商榷》卷九十八云："《新五代史》用俗语：如《李崧传》：晋高祖谓崧曰：'汝造浮屠，为我合尖。'"《汉高祖纪》："契丹赐以木拐一。"今人呼老人所用杖音如夬卦之夬，作此字。唐臣《任圜传》："崔协号没字碑。"《安叔千传》："叔千亦号没字碑。"此皆当时俚俗语。

（十八）

《缃素杂记》云：王君玉谓人曰：诗家不妨闲用俗语，尤见工巧。尝有雪诗云："待伴不禁鸳瓦冷，羞明尝怯玉钩斜。""待伴""羞明"皆俗语，而采拾入诗，了无痕类，此点瓦砾为黄金手也。翟灏《通俗编》卷一云：待伴字诗人用之较多，如张伯雨"山留待伴雪，春禁隔年花"，段天祐"天寒待伴雪，日暮打头风"，皆工巧。

乙 反例

（一）

《魏志》卷一《武帝纪》云：公将自东征备。诸将皆曰："与公争天下者，袁绍也。今绍方来而弃之东，绍乘人后，若何？"公曰："夫刘备，人杰也。今不击，必为后患。袁绍虽有大志，而见事迟，必不动也。"注引孙盛《魏氏春秋》云：答诸将曰："刘备，人杰也，将生忧寡人。"

树达按：裴松之注云："松之以为史之记言既多润色，故前载所述有非实者矣。后之作者又生意改之，于失实也，不亦弥远乎！凡孙盛制书，多用《左氏》以易旧文，如此者非一。嗟乎！后之学者将何取信哉！且魏武方以天下励志，而用夫差分死之言，尤非其类。"树达按：《左传》哀公二十年云："吴王夫差曰：'句践将生忧寡人，寡人死之不得矣。'"

（二）

《宋书》卷一《武帝纪》云：帝至渭滨，叹曰："此地宁复有吕望耶！"

（三）

又卷四十五《王镇恶传》云：高祖将至，镇恶于灞上奉迎，高祖劳之曰："成吾霸业者，真卿也！"镇恶再拜谢曰："此明公之威，诸将之力，镇恶何功之有焉！"高祖笑曰："卿欲学冯异也！"

树达按：刘知几《史通》十八《杂说下篇》云："《宋书》称武帝入关，以镇恶不伐，远方冯异；于渭滨游览，追思太公。夫以宋祖无学，愚智所悉，安能援引古事以酬答群臣者乎！斯不然矣。"

（四）

《周书》卷二《文帝纪》云：梁元帝遣使请据旧图以定疆界，又连结于齐，言辞悖慢，太祖曰："古人有言，'天之所弃，谁能兴之？'其萧绎之谓乎！"

（五）

又卷二十七《宇文测传》云：或有告测与外境交通，怀贰心者，太祖怒，曰："测为我安边，吾知其无贰志，何为间我骨肉，生此贝锦？"乃命斩之。

  树达按：《史通》十八《杂说下篇》云："《周史》述太祖论梁元帝曰：'萧绎可谓天之所废，谁能兴之者乎！'又宇文测为汾州，或谮之，太祖怒曰：'何为间我骨肉，生此贝锦。'此并六经之言也。又曰：'荣权，吉士也，寡人与之言，无二。'此则《三国志》之辞也。其余言皆如此，岂是宇文之语耶！"

（六）

  《晋书》卷百十四《苻坚载记》云：坚讨姚苌，苌众危惧，人有渴死者。俄而降雨于苌营，营中水三尺，周营百步之外，寸余而已，于是苌军大振。坚方食，去案怒曰："天其无心，何故降泽贼营？"

（七）

  《北齐书》卷二十七《万俟晋传》云：子洛，字受洛干。高祖以其父普尊老，尝亲扶上马，洛干免冠稽首曰："愿出死力以报深恩。"

  树达按：《史通》六《叙事篇》云："案裴景仁《秦记》称苻坚方食，抚盘而诟，王劭《齐志》述洛干感恩，脱帽而谢。及彦鸾撰以新史，（崔鸿，字彦鸾，撰《十六国春秋》。）重规删其旧录，（李百药，字重规，撰《北齐书》。）乃易'抚盘'以'推案'，变'脱帽'为'免冠'。夫近世通无案食，胡俗不施冠冕，直以事不类古，改从雅言，欲令学者何以考时俗之不同，察古今之有异？"树达按：崔氏书已亡，故录《晋书载记》。

第十二章 代用

一、以大代小

（一）

《左传》昭公二十年云：二十年春王二月己丑，日南至。梓慎望氛，曰："今兹宋有乱，国几亡，三年而后弭。"叔孙昭子曰："然则戴桓也。汰侈无礼已甚，乱所在也。"

树达按：杜注云："戴族，华氏；桓族，向氏。"树达按：族大氏小，此以大代小也。

（二）

《仪礼·既夕礼》云：乃行祷于五祀。

树达按：郑注云："五祀，博言之。士二祀，曰门，曰行。"俞氏《古书疑义举例》卷三云："郑意盖以士所祷止门、行二祀，而曰五祀者，博言之耳。五祀其大名也。曰门，曰行，其小名也。"树达按：五祀者，曰门，曰行，曰户，曰灶，曰中霤。

（三）

《荀子·正论篇》云：雍而彻乎五祀。

　　树达按：刘台拱云："五祀谓灶也。"《周礼·膳夫职》云："王卒食，以乐彻于造。"造、灶古字通。大祀六祈，二曰造，故书造作灶。专言之则为灶，连类言之则曰五祀，若谓丞相为三公，左冯翊为三辅也。

（四）

《孟子》一《梁惠王上篇》云：梁惠王曰：晋国，天下莫强焉，叟之所知也。及寡人之身，东败于齐，长子死焉，西丧地于秦七百里，寡人耻之。

　　树达按：赵注云："韩、魏、赵本晋六卿，当此时号三晋，故惠王言晋国天下之强也。"树达按：魏为三晋之一，而惠王称魏为晋国，是以大名代小名也。

二、以小代大

（一）

《诗·王风·采葛篇》云：一日不见，如三秋兮。

　　树达按：俞樾云："三秋，即三岁也。"

（二）

《汉书》卷六十五《东方朔传》云：年十三学书，三冬，文史足用。

　　树达按：俞氏云："三冬亦即三岁也。"学书三岁而足用，故下云："十五学击剑"也。

（三）

《孟子》一《梁惠王篇》云：孟子见梁惠王。

　　树达按：赵注云："梁惠王者，魏惠王也。魏，国名。魏惠王居于大梁，故号曰梁王。"树达按：魏都大梁，故号魏为梁，是以小名代大名也。

（四）

《庄子·徐无鬼》云：孙叔敖甘寝秉羽而郢人投兵。

树达按：郢谓楚，楚都郢也。

（五）

《吕氏春秋》卷二十三《壅塞篇》云：狂而以行赏罚，此戴氏之所以绝也。

树达按：俞樾《古书疑义举例》卷三云："此即上文齐灭宋之事。戴氏为宋公族，孟子书有戴盈之戴不胜，《韩非子·内储说》有戴驩为宋太宰，盖皆宋戴公之后，世执国柄，与国同休戚者，宋亡则戴氏绝矣。不曰此宋之所以亡也，而曰此戴氏之所以绝也，亦是以小名代大名之例。"

（六）

《孟子》一《梁惠王篇》云：八口之家，可以无饥矣。

树达按：八口，谓八人。

（七）

《太玄》三《法·次七》云：密网离于渊，不利于鳞。

树达按：鳞谓鱼也。

三、以前代后

（一）

《左传》哀公九年云：利以伐姜，不利子商。代齐则可，敌宋不吉。

（二）

《庄子·山木篇》云：穷于商周。

树达按：二商字皆所以代宋字。宋为商后，以商代宋，是以前名代后名也。

四、以后称前

《左传》隐公五年云：春，公将如棠观鱼者，臧僖伯谏。

树达按：杜注云："臧僖伯，公子彄也。僖，谥也。"孔疏云："僖伯名彄，字子臧。"《世本》云："孝公之子。"诸侯之子称公子，公子之子称公孙，公孙之子不得祖诸侯，乃以王父之字为氏。计僖伯之孙始得以臧为氏，今于僖伯之上已加臧者，盖以僖伯是臧氏之祖，传家追言之也。

五、以事代人

（一）

《左传》哀公二年云：初，卫侯（卫灵公）游于郊，子南仆。（子南。灵公子郢）。公曰："余无子，将立女。"不对。他日，又谓之。对曰："郢不足以辱社稷。君夫人在堂，三揖在下，君命祗辱。"

树达按：杜注云："三揖，卿、大夫、士。"孔疏云：《周礼·司士》云："孤卿特揖，大夫以其等旅揖，士旁三揖。"郑玄云："特揖，一一揖之。旅，众也，大夫爵同者，众揖之。三揖者，士有上中下。"郑众云："卿大夫士皆君之所揖礼，《春秋传》所谓三揖在下。"树达按：卿，大夫，士三者皆为君之所揖，故文以三揖代卿大夫士也。

六、以私名代公名

（一）

《左传》哀公十六年云：遂杀子木。其子曰胜，在吴，子西召之，使处吴境，为白公。请伐郑，子西曰："楚未节也，不然，吾不忘也。"

他日,又请,许之。未起师,晋人伐郑,楚救之,与之盟。胜怒,曰:"郑人在此,仇不远矣。"

  树达按:杜注云:"比子西于郑人。"树达按:白公胜本以郑人为仇敌,云郑人在此者,犹言仇敌在此也,故下云仇不远矣。

七、以质代物

(一)

《左传》僖公二十三年云:我二十五年矣。又如是而嫁,则就木焉。

(二)

《礼记》三十一《中庸篇》云:衽金革,死而不厌。

(三)

《礼记》十一《郊特牲篇》云:歌者在上,匏竹在下,贵人声也。

  树达按:郑注云:"匏,笙也。"又按《释名·释乐器》云:"笙以匏为之,故曰匏也。"

(四)

《孟子》三《滕文公篇》云:许子以釜甑爨,以铁耕乎?

树达按：铁，谓犁。

（五）

《孟子》二《公孙丑下篇》云：木若以美然？

树达按：此木字及上文"就木"之木皆谓棺。

（六）

《孟子》四《离娄下篇》云：抽矢扣轮，去其金。

树达按：金，谓矢镞。

（七）

《庄子·列御寇篇》云：为外刑者金与木也。

树达按：郭注云："金谓刀锯斧钺，木谓棰楚桎梏。"

（八）

《荀子·礼论篇》云：金革辔靷而不入。

树达按：杨注云："金谓和鸾；革，车鞁也。"

（九）

《吕氏春秋》卷二十二《求人篇》云：功绩铭乎金石，著于盘盂。

树达按：高注云："金，钟鼎也；石，丰碑也。"

（十）

《淮南子》卷十二《道应篇》云：襄子击金而退之。

树达按：注云："军法：鼓以进众，钲以退之。"

（十一）

《后汉书》卷二十八《冯衍传》云：怀金垂紫。

树达按：李注云："金，谓印也。"

第十三章 合叙

（一）

《汉书》卷五《景帝纪》云：中二年春二月令：诸侯王薨，列侯初封及之国，大鸿胪奏谥诔策。列侯薨及诸侯太傅初除之官，大行奏谥诔策。

树达按：此谓诸侯王薨，大鸿胪奏谥诔；列侯初封及之国，大鸿胪奏策；列侯薨，大行奏谥诔；诸侯太傅初除之官，大行奏策也。谥诔属诸侯王及列侯薨而言，策属列侯相封及之国太傅初除之官言，分叙则文繁，故合叙之如此。应劭注云："皇帝延诸侯王宾王诸侯皆属大鸿胪，故其薨，奏其行迹赐与谥及哀策诔文也。"此不知古人有合叙之法而误解也。

（二）

又卷三十三《魏豹传》云：齐、楚遣项它、田巴将兵随市救魏。

树达按：颜注云："楚遣项它，齐遣田巴。"

（三）

又卷三十三《韩王信传》云：夫种蠡无一罪，身死亡。

树达按：死谓大夫种，亡谓范蠡也。

（四）

又卷四十四《淮南王安传》云：王有孽子不害，最长，王不爱，后太子皆不以为子兄数。

树达按：如淳云："后不以为子，太子不以为兄秩数。"

（五）

又卷四《文帝纪》云：其广增诸祀坛场珪币。

树达按：谓广坛场，增珪币。《郊祀志》云："诸祀皆广坛场，圭币俎豆以差加之"，可证。

（六）

又卷一百《叙传》云：郑宽中、张禹朝夕入说《尚书》《论语》于金华殿中。

树达按：宽中说《尚书》，禹说《论语》。

（七）

又卷一《高帝纪》云：掾主吏萧何、曹参曰："君为秦吏，今欲背之，帅沛子弟，恐不听。"

树达按：颜注云："曹参为掾，萧何为主吏。"

（八）

又卷五《景帝纪》云：封故楚赵傅相内史前死事者四人子。

树达按：文颖注云："楚相张尚，太傅赵夷吾；赵相建德，内史王悍。此四人各谏其王无使反，不听，皆杀之，故封其子。"

（九）

又卷八《宣帝纪》云：单于阏氏子孙昆弟及呼遫累单于名王右伊秩訾且渠当户以下，将众五万余人来降。

树达按：王荣商《汉书补注》云："单于阏氏子孙昆弟，言单于之子孙，阏氏之昆弟。单于子孙，谓屠耆单于之子姑瞀楼头也。阏氏昆弟，谓颛渠阏氏之弟都隆奇也。"事见《匈奴传》。树达按：《功臣表》："信成侯王定，以匈奴乌桓屠蕃单于子左大将军率众降侯"，则不止姑瞀楼头一人。

（十）

又卷五《景帝纪》云：封故御史大夫周苛、周昌孙子为列侯。

树达按：《史记·景帝纪》云："封故御史大夫周苛孙平为绳侯，故御史大夫周昌子左车为安阳侯。是孙系周苛，子系周昌也。"

（十一）

《史记》卷十《文帝纪》云：二年九月，初与郡国守相为铜虎符竹使符。

树达按：郡国守相谓郡守国相。

（十二）

《三国·蜀志》卷五《诸葛亮传》云：侍中侍郎郭攸之、费祎、董允等，此皆良实，志虑忠纯。

树达按：《蜀志》卷十四《费祎传》云："侍中郭攸之、费祎。"又卷九《董允传》云："侍中郭攸之、费祎，侍郎董允。"然则《亮传》侍中侍郎者，侍中系郭攸之、费祎二人，侍郎系董允也。

（十三）

《周礼·地官·封人》云：凡祭祀，饰其牛牲……共其水稿。《郑注》云：水稾，给杀时洗荐牲也。

　　树达按：贾疏云："其牛将杀，不须饲之，又充人已饲三月，不得将杀始以水稾饮饲。"水所以洗牲，稾所以荐牲，故双言洗荐牲也。孙诒让《周礼正义》卷廿二云："《说文·禾部》：稾，秆也；秆，禾茎也。"《礼记·祭统篇》说祭祀君迎牲事云："士执刍。"注云："刍谓稾也，杀牲时用荐之。"亦引《周礼》此文为证。

（十四）

《孟子》三《滕文公上篇》云：盖归反蔂梩而掩之。赵岐注云：蔂梩，笼臿之属，可以取土者也。

　　树达按：《说文·六篇·上木部》段注云："蔂即欙之假借字，可以舁土者；梩可以臿地抠土者。赵以笼属释蔂，以臿释梩也。"

（十五）

又三《滕文公下篇》云："引而置之庄岳之间。"赵岐注云："庄岳，齐街里名也。"

　　树达按：顾炎武《日知录》卷七云："庄是街名，岳是里名。"《左传》襄二十八年：得庆氏之木百车于庄。注云：六轨之道。昭十年：又败诸庄。哀六年：战于庄，败。注并同。反陈于岳。注云：岳，里名。

（十六）

《汉书》卷四十九《晁错传》云：劲弩长戟，射疏及远，则匈奴之弓弗能格也。

> 树达按：胡三省云："劲弩所以射疏，长戟所以及远也。"

（十七）

《汉书》卷八十九《循吏·王成传》云：后诏使丞相御史问郡国上计长吏守丞以政令得失。

> 树达按：刘攽云："长吏守丞，吏当作史。郡使守丞，国使长史，皆一物也，故总言郡国上计长史守丞。"《后汉·百官志》：诸侯王相如太守，长史如郡丞。长史上计无疑矣。

（十八）

《后汉书》卷四十二《光武十王传》赞云：光武十子，胙土分王。沛献尊节，楚英流放，延既怨诅，荆亦觖望，济南阴谋，琅邪骄宕，中山临淮，无闻夭丧。

> 树达按：姜宸英《湛园札记》卷一云："无闻指中山，夭丧指临淮也。临淮未为王而薨，无子，国除，故云。若中山享国五十二年矣，而李注云二王早终，名闻未著，非也。"树达按：文自可云"中山无闻，临淮早丧"，较为明白，而必合言之者，殆因上文六句分指沛献王辅，楚王英，阜陵王延，广陵王荆，济南王康，琅邪王京，故此二句特合言之，较有变化，免于板滞耳。

第十四章 连及

一、私名连及

（一）

《左传》昭公三年云：昔文襄之霸也，其务不烦诸侯，令诸侯三岁而聘，五岁而朝，有事而会，不协而盟。君薨，大夫吊，卿共葬事；夫人，薨字承上省。士吊，大夫送葬：足以昭礼命事谋阙而已，无加命矣。

树达按：孔疏云："襄是文公子，能继父业，故连言之。其命朝聘之数，吊葬之使，皆文公令之，非襄公也。"

（二）

《左传》昭公九年云：文武成康之建母弟以蕃屏周，亦其废队是为，岂如弁髦而因以敝之！

树达按：孔疏云："《传》称虢仲虢叔，王季之穆，是文王母弟也。管蔡郕霍鲁卫毛聃，《史记》以为武王之母弟也。唐叔，成王之母弟也。其康王之母弟，则书传无文。文王，周之始王，故言文王，文王未得封诸侯也。"树达按：此文因武王而连及文王，又似因成王而连及康王也。

（三）

《论语·宪问篇》云：禹稷躬稼而有天下。
　　树达按：躬稼本稷事而亦称禹。

（四）

《孟子》四《离娄下篇》云：禹稷当平世，三过其门而不入。
　　树达按：三过不入，本禹事而亦称稷。

（五）

《孟子》六《告子下篇》云：华周杞梁之妻，善哭其夫而变国俗。
　　树达按：善哭其夫而变国俗，本杞梁妻事而亦及华周之妻。

（六）

《书·禹贡》云：江汉朝宗于海。

（七）

又云：伊洛瀍涧，既入于河。

　　树达按：阎若璩《古文尚书疏证》卷六之上云："余尝谓：'古人文多连类而及之，因其一并及其一，汉入江，江方入海，因江入海，汉亦同之。伊瀍涧悉入洛，洛方入河，因洛入河，并及于伊瀍涧，皆连类之文也。'"

二、公名连及

（一）

《左传》昭公十三年云：郑，伯男也，而使从公侯之贡，惧弗给也。

　　树达按：杜注云："言郑国在甸服外，爵列伯子男，不应出公侯之贡。"孔疏云："王肃注云：'郑伯爵而连男言之，犹言曰公侯，足句辞也。'杜用王说。"

（二）

《春秋公羊传》襄公五年云：仲孙蔑、卫孙林父，会吴于善稻。秋，公会晋侯、宋公、陈侯、卫侯、郑伯、曹伯、莒子、邾娄子、滕子、薛伯、齐世子光、吴人、鄫人于戚。《传》云：吴何以称人？

（何休注云：据上善稻之会不称人。）吴鄫人云则不辞。

树达按：据《传》说，则"吴人"之称由于与"鄫人"连称而并及之也。

（三）

《春秋》僖公十八年云：冬，邢人狄人伐卫。又僖公二十年，秋，齐人狄人盟于邢。

树达按：《春秋》庄公三十二年，狄伐邢，此为狄见于《春秋》之始。继此而见者，闵公二年书狄入卫，僖公八年书狄伐晋，十年书狄灭温，十三年书狄侵卫，十四年书狄侵郑，十八年书狄救齐，二十一年书狄侵卫，二十四年书狄伐郑，三十年书狄侵齐，三十一年书狄围卫，三十三年书狄侵齐，文公四年书狄侵齐，七年书狄侵我西鄙，九年书狄侵齐，十年书狄侵宋，十一年书狄侵齐，十三年书狄侵卫，以狄为主名之事凡十八见，皆只称狄，无一例书狄人者。独此二经，一与邢人连称，一与齐人连称，则皆称狄人，然则此亦以云"邢人狄""齐人狄"为不辞，二人字皆出于连及也。

三、事名连及

（一）

《史记》卷百六《吴王濞传》云：擅兵而别，多他利害。

树达按：利害，害也。

（二）

又卷八十六《刺客传》云：多人不能无生得失。

树达按：得失，失也。

（三）

又卷百五《仓公传》云：生子不生男，缓急无可使者。

（四）

又卷百二十四《游侠传》云：缓急，人之所时有也。

树达按：缓急，急也。

（五）

《后汉书》卷六十九《何进传》云：先帝尝与太后不快，几至成败。

树达按：成败，败也。

（六）

《三国·吴志》卷十九《诸葛恪传》云：一朝赢缩，人情万端。

树达按：赢缩，缩也。

（七）

又卷三《孙皓传》注云：荡异同如反掌。

　　树达按：异同，异也。

（八）

《资治通鉴》云：虞翻作表示吕岱，为爱憎所白。

　　树达按：爱憎，憎也。

（九）

晋欧阳建《临终诗》云：潜图密已构，成此祸福端。

　　树达按：祸福，祸也。树达按：此种对待之辞，一正一负，连类用时，往往意在负而连及其正，以上所举例皆然。

四、物名连及

（一）

《易·系辞》云：润之以风雨。

　　树达按：风不能润物。

（二）

《礼记》十三《玉藻篇》云：大夫不得造车马。

　　树达按：马非可造之物。

（三）

《论语》十《乡党篇》云：沽酒市脯不食。

　　树达按：酒可饮不可食。

第十五章 自释

一、释人

（一）

《左传》庄公十八年云：虢公、晋侯、郑伯使原庄公逆王后于陈。陈妫归于京师。——实惠后。

（二）

《国策》卷八《齐策》云：邹忌修八尺有余，而形貌昳丽，朝服衣冠，窥镜，谓其妻曰："我孰与城北徐公美？"其妻曰："君美甚，徐公何能及君也！"——城北徐公，齐国之美丽者也。

（三）

《吕氏春秋》卷十一《仲冬纪》云：纣之同母三人：其长曰微子启，其次曰中衍，其次曰受德。——受德乃纣也。

（四）

《史记》卷七《项羽纪》云：项王即日因留沛公与饮，项王、项伯东向坐，亚父南向坐，——亚父者，范增也。——沛公北向坐，张良西向侍。

（五）

又卷八《高祖纪》云：高祖竟酒后，吕公曰："臣少好相人，相人多矣，无如季相。愿季自爱！臣有息女，愿为季箕帚妾。"酒罢，吕媪怒吕公，曰："公始常欲奇此女，与贵人。沛令善公，求之，不与。何自妄许与刘季？"吕公曰："此非儿女子所知也。"卒与刘季。——吕公女乃吕后也。

（六）

又卷五十八《梁孝王世家》云：自山以东游说之士莫不毕至。——齐人羊胜、公孙诡、邹阳之属——公孙诡多奇邪计。

（七）

又卷百十四《东越传》云：及诸侯畔秦，无诸摇率越归鄱阳令吴芮。——所谓鄱君者也。

（八）

《盐铁论·禁耕篇》云：异时盐铁未笼，布衣有朐邴——朐邴吴王，皆盐铁初议也。——人君有吴王，专山泽之饶。

二、释地

（一）

《左传》昭公九年云：二月庚申，楚公子弃疾迁许于夷，——实城父。

　　树达按：杜注云："此时改城父为夷，故《传》实之。"

（二）

又昭公十八年云：冬，楚子使王子胜迁许于析，——实白羽。

　　树达按：杜注云："于《传》时白羽改为析。"

（三）

又定公十年云：夏，公会齐侯于祝其，——实夹谷。

　　树达按：杜注云："夹谷即祝其也。"

（四）

又定公十三年云：齐侯卫侯次于垂葭，——实郹氏。

树达按：杜注云："垂葭改名郹氏。"

树达又按：据以上诸《传》杜注，似文记新改之名，则以旧名释之，记旧名则以新改之名释之也。

三、释事

（一）

《史记》卷百四《田叔传》云：月余，上迁拜仁为司直。数岁，坐太子事，——时左丞相自将兵，令司直田仁主闭守城门，坐纵太子，——下吏诛死。

（二）

又卷八十二《田单传》云：莒人求湣王子法章，得之太史嬓之家，——为人灌园——嬓女怜而善遇之。

（三）

又卷九十九《叔孙通传》云：于是二世令御史案诸生，言反者下吏，——非所宜言——诸言盗者，皆罢之。

（四）

又卷百十三《南越传》云：乃为佗亲冢——在真定——置守邑，岁时奉祀。

（五）

又卷百七《魏其武安侯传》云：丞相言："灌夫家在颍川，横甚；民苦之，请案。"上曰："此丞相事，何请！"灌夫亦持丞相阴事。——为奸利，受淮南王金与语言。——宾客居间，遂止，俱解。

（六）

又卷百一十《匈奴传》云：于是汉悉兵——多步兵，三十二万——北逐之。

（七）

《汉书》卷三十一《项籍传》云：于是梁乃求楚怀王孙心——在民间，为人牧羊，——立以为楚怀王。

（八）

又卷七十二《鲍宣传》云：拜宣为司隶。——时哀帝改司隶校尉但为司隶，官比司直。

（九）

又卷七十六《王尊传》云：守京兆尹，后为真。凡三岁，坐遇使者无礼，——司隶遣假佐放奉诏书白尊发吏捕人，放谓尊："诏书所捕宜密。"尊曰："治所公正，京兆善漏泄人事。"放曰："所捕宜今发吏。"尊又曰："诏书无京兆文，不当发吏。"——及长安系者三月间千人以上……尊坐免。

（十）

又卷七十二《王吉传》云：迁少府，八岁，成帝欲大用之，出骏为京兆尹，试以政事，——先是京兆有赵广汉、张敞、王尊、王章，至骏皆有能名，故京师称曰："前有赵张，后有三王。"——而薛宣从左冯翊代骏为少府。

（十一）

《宋书》卷九十五《索虏传》云：若厌其区宇者，可来平城居，我往扬州住，且可博其土地，——伧人谓换易为博——彼年已五十，未尝出户，虽自力而来，如三岁婴儿，复何知！

第十六章 错综

一、名称

甲 姓与名错举

子 先姓后名

（一）

贾谊《新书》云：使曹勃不能制。

　　树达按：谓曹参、周勃。

（二）

潘岳《夏侯常侍诔》云：子之承亲，孝齐闵参。

　　树达按：谓闵子骞、曾参也。

（三）

江淹《别赋》云：虽渊云之墨妙，严乐之笔精。

　　树达按：谓严安、徐乐也。

丑　先名后姓

（一）

班固《幽通赋》云：周贾荡而贡愤。

　　树达按：谓庄周、贾谊。

（二）

汉《斥彰长碑》云：丧父事母，有柴颍之行。

　　树达按：谓高柴、颍考叔。

乙　姓与字错举

子　先姓后字

（一）

《荀子·性恶篇》云：天非私曾骞孝已而外众人也。

树达按：谓曾参、闵子骞。

（二）

马融《长笛赋》云：彭胥伯奇，哀姜孝已。

树达按：彭胥谓彭咸、伍子胥。

（三）

晋夏侯湛《张平子碑》云：同贯宰贡。

树达按：谓宰我、子贡。

丑　先字后姓

（一）

汉《巴郡太守樊敏碑》云：有夷史之直。

树达按：谓伯夷、史鱼。

丙　姓与国错举

（一）

《汉书》卷六十四《徐乐传》云：名何必夏子，俗何必成康。

树达按：服虔云："夏，禹也；子，汤也。汤，子姓。"树达按下文云：禹汤之名不难侔，而成康之俗未必不复兴也。

丁 二字之称上下错举

子 先上一字后下一字

（一）

《汉书》卷五十五《霍去病传》云：票骑将军去病率师躬将所获荤允之士。

　　树达按：服虔云："尧时曰熏鬻，周曰猃狁，秦曰匈奴。"王先谦云："荤同熏，允同狁。"

（二）

《后汉书》卷八十《崔琦传》云：今将军累世台辅，任齐伊公。

　　树达按：李贤注云："谓伊尹周公。"树达按称公不妥。

丑 先下一字后上一字

（一）

《汉书》卷六十七《梅福传》云：孝武皇帝好忠谏，说至言，出爵不待廉茂，庆赐不须显功。

　　树达按：廉茂，谓孝廉茂材。

（二）

《汉书》卷六十《杜钦传》云：览宗宣之飨国。

树达按：韦昭云："宗，殷高宗也；宣，周宣王也。"树达按：称宗不妥。

（三）

汉应劭《风俗通·正失篇》云：袁彭清拟夷叔，政则冉季。

树达按：夷叔，谓伯夷、叔齐。

二、组织

甲 名词与其状词

（一）

《诗·小雅·谷风篇》云：习习谷风，维山崔嵬。

树达按：习习，状词，在谷风之前；崔嵬，状词，在名词山字之下。

（二）

《诗·大雅·桑柔篇》云：大风有隧，有空大谷。

树达按：王引之《经义述闻》卷七云：有隧，形容其迅疾也；有空，亦形容大谷之辞也。树达按：有隧列大风之下，有空列大谷之上。

（三）

《春秋经》僖公十六年云：陨石于宋五。是月，六鹢退飞，过宋都。

树达按：此文五在石字之下，六在鹢字之上。俞樾《古书疑义举例》卷一云：《公羊》有记闻记见之说，《谷梁》有散辞聚辞之义，此乃作传之体例如此，未必得《经》意也。树达按：《公羊传》云："五石六鹢何以书？记异也。"则取错综之文而整齐之矣。

（四）

《论语》十《乡党篇》云：迅雷风烈必变。

（五）

《楚辞》云：吉日兮辰良。

（六）

《淮南子·主术篇》云：夫疾风而波兴，木茂而鸟集。

　　树达按：俞樾云："《意林》引此作'风疾而波兴'，由不知古人文法之变而以意改之。"

（七）

《史记》卷百二十九《货殖传》云：陆地牧马二百蹄，牛蹄角千，千足羊，泽中千足彘。

（八）

《太玄·止·次八》云：弓善反，弓恶反，善马狠，恶马狠。

　　树达按：俞樾云："弓善弓恶，即善弓恶弓，与善马恶马同义。范望注以善恶连反字读，失之。"

乙　主辞与述辞

（一）

《易·杂卦》云：丰多故也，亲寡旅也。

　　树达按：丰多故，先主辞，后述词；亲寡旅，先述辞，后主词。

（二）

《诗·大雅·思齐篇》云：肆成人有德，小子有造；古之人无斁，誉髦斯士。

　　树达按：俞樾云："古之人与髦斯士文正相配。此承上二句而言，惟成人有德，故古之人无斁；惟小子有造，故誉髦斯士。古之人即《书·无逸·枚传》所谓古老之人。无斁，谓不见厌恶。誉与豫通。"

　　《尔雅》曰："豫，乐也，安也。"毛郑均未得其解。

（三）

《大戴礼记·夏小正篇·正月》云：梅杏杝桃则华。杝桃，山桃也。缇缟。缟也者，莎随也；缇也者，其实也。

　　树达按：俞樾云："《传》曰'先言缇而后言缟，何也？缇先见者也。'"乃曲为之说。

（四）

崔篆《御史箴》云：简上凝霜，笔端风起。

丙 动词与其宾辞

（一）

《诗·小雅·采绿篇》云：之子于狩，言韔其弓；之子于钓，言纶之绳。

树达按：郑笺云："纶，钓缴也。君子往狩与？我当从之为之韔弓；其往钓与？我当从之为之绳缴。"树达按：《笺》训纶为钓缴，而以韔弓绳缴对举，则以绳为动字，与上句韔字对；纶为名字，与上句弓字对也。疏云："谓钓竿之上须绳，则已与之作绳。"以绳为名词，误矣。本俞樾说。

（二）

《诗·小雅·节南山篇》云：弗问弗仕，勿罔君子；式夷式已，无小人殆。

树达按：俞樾《群经平议》云："此言勿罔君子，无殆小人也。"

（三）

《周礼·大宗伯》云：王后不与，则摄而荐豆笾彻。

树达按：俞樾云："荐豆笾彻即荐豆彻笾也，互辞耳。"《贾疏》曰："凡祭祀皆先荐后彻，故退彻文在下"，此不得其解而为之辞。

（四）

《吕氏春秋》卷四《诬徒篇》云：故不能学者……于师愠，怀于俗，羁神于世。

（五）

《楚辞》云：蕙肴蒸兮兰藉，奠桂酒兮椒浆。

（六）

《太玄·止·次八测》云：反弓马狠，终不可以也。

（七）

韩愈《太原王公墓志铭》云：安身功立，无愧于国家可也。

丁　介词与其宾辞

（一）

韩愈《柳州罗池庙碑》云：春与猿吟兮，秋鹤与飞。

三、上下文之关系

（一）

《易·坤·文言》云：阴虽有美，含之以从王事，弗敢成也。地道也，妻道也，臣道也，地道无成而代有终也。

树达按：末句单举地道，不言臣道妻道。

（二）

《礼记》三十一《中庸篇》云：郊社之礼，所以事上帝也。

树达按：郊祀上帝，社祀后土，此不言后土。

（三）

《左传》昭公九年云：先王居梼杌于四裔以御魑魅，故允姓之奸，居于瓜州。

树达按：杜注云："言梼杌，略举四凶之一；下言四裔，则三苗在其中。"

（四）

《孟子》六《告子篇》云：或曰：有性善，有性不善。是故以尧为君而有象，以瞽瞍为父而有舜，以纣为兄之子且以为君而有微子启王子比干。今曰性善，然则彼皆非欤？

树达按：顾炎武《日知录》卷七云："以纣为弟且以为君而有微子启，以纣为兄之子且以为君而有王子比干。"并言之，则于文有所不便，故举此以该彼，此古人文章之善。

（五）

《杜诗》云：不闻夏殷衰，中自诛褒妲。

树达按：顾炎武《日知录》卷二十七云："夏殷不言周，褒妲不言妹喜，此古人互文之妙。"

第十七章 颠倒

一、词的颠倒

甲 趁韵

子 句末韵

（一）

《诗·唐风·鸨羽篇》云：肃肃鸨羽，集于苞栩，王事靡盬，不能艺稷黍。

树达按：恒言黍稷，此倒云稷黍，以与上文羽栩为韵。

（二）

又《豳风·东山篇》云：我东曰归，我心西悲。制彼裳衣，勿士行枚。

树达按：衣裳倒云裳衣，以与上文归悲下文枚为韵。

（三）

又《小雅·常棣篇》云：妻子好合，如鼓瑟琴，兄弟既翕，和乐且湛。

树达按：通言琴瑟，此倒言瑟琴，以与下文湛字为韵。

（四）

又《小雅·頍弁篇》云：有頍者弁，实维在首，尔酒既旨，尔殽既阜，岂伊异人，兄弟甥舅。

（五）

又《大雅·思齐篇》云：惠于宗公，神罔时怨，神罔时恫，刑于寡妻，至于兄弟，以御于家邦。

（六）

又《大雅·灵台篇》云：于论鼓钟，于乐辟雝。

（七）

又《大雅·生民篇》云：实颖实栗，即有邰家室。

（八）

又《大雅·既醉篇》云：其仆维何？厘尔女士；厘尔女士，从以孙子。

（九）

齐叔夷钟云：夷用作铸其宝钟，用享于其皇祖、皇妣、皇母、皇考，用祈眉寿，灵命难老。

  树达按：以皇祖皇妣例之，文当云皇考皇母，而云皇母皇考者，取考字与下二句寿老为韵也。

（十）

贾谊《鹏鸟赋》云：怵迫之徒兮，或趋西东，大人不曲兮，意变齐同。

（十一）

《淮南子·原道篇》云：无所左而无所右，蟠委错紾，与万物终始。

（十二）

汉《溧阳长潘乾校官碑》云：翼翼圣慈，惠我黎蒸，贻我潘君，平兹溧阳。

　　树达按:吴玉搢《金石存》卷九云:"此倒用蒸黎字以押韵。"
　　树达按：蒸阳古韵不叶，汉人用韵粗也。

丑　句中韵

（一）

《诗·王风·君子于役篇》云:君子于役,不日不月,曷其有佸!鸡栖于桀,日之夕矣,羊牛下括。君子于役,苟无饥渴!

　　树达按：子其之牛四字，古韵皆在哈部。

乙　非韵韵

（一）

《诗·邶风·雄雉篇》云：雄雉于飞，下上其音，展矣君子，实劳我心。

（二）

又《齐风·南山篇》云:艺麻如之何？衡从其亩;取妻如之何？必告父母。

（三）

《易林·讼之困》云：菡萏未华。

树达按：《说文》一篇下《草部》云："扶渠华未发为菡萏。"此倒言之。

二、句的颠倒

甲　主语与述语

（一）

《礼记》一《檀弓篇》云：伯鱼之母死，期而犹哭。夫子闻之，曰："谁欤，哭者？"

（二）

《孟子》七《尽心下篇》云：盆成括仕于齐。孟子曰："死矣，盆成括！"

（三）

《吕氏春秋》十八《重言篇》云：少顷，东郭牙至。管子曰："子耶,言伐莒者?"

(四)

《淮南子·齐俗篇》云:韩子闻之,曰:"群臣失礼而弗诛,是纵过也。有以也夫,平公之不霸也!"

(五)

《史记》卷八十三《鲁仲连传》云:亦太甚矣!先生之言也。

(六)

《汉书》卷七十二《王吉传》云:是非古之风也,发发者;是非古之车也,揭揭者。

乙 因句与果句

(一)

《礼记》一《檀弓篇》云:盖殡也,问于郰曼父之母。

（二）

《管子·戒篇》云：中妇诸子谓宫人：盍不出从乎？君将有行。

丙 杂例

《左传》闵公元年云：士蒍曰："太子不得立矣。分之都城而位以卿，先为之极，又焉得立？不如逃之，无使罪至，为吴太伯，不亦可乎！犹有令名，与其及也。"

第十八章 省略

一、省字

甲 姓省称

（一）

王逸《九思》云：管束缚兮桎梏，百贸易兮传卖。

　　树达按：百里奚与管对言，应称百里，此单称百。

（二）

《晋书》卷四十二《王濬传》云：世祖旌贤，建葛亮之胤。

　　树达按：诸葛省称葛。

（三）

赵彦昭《侍宴桃花园·咏桃花应制》云：长年愿奉西王宴，近侍惭无东朔才。

  树达按：东方朔省称东朔，东方姓省去一字。

（四）

李商隐诗云：玉桃偷得怜方朔。

  树达按：谓东方朔。

（五）

又云：梓潼不见马相如。

  树达按：谓司马相如。

（六）

宋吕惠卿表云：面折马光于经筵，廷辨韩琦之奏疏。

  树达按：谓司马光。

乙 名省称

（一）

《春秋》定公六年云：季孙斯仲孙忌帅师围郓。

  树达按：何忌单称忌。

（二）

《左传》定公四年云：晋文公为践土之盟，卫成公不在，夷叔其母弟也，犹先蔡。其载书云："王若曰：'晋重，鲁申，卫武，蔡甲午，郑捷，齐潘，宋王臣，莒期。'藏在周府，可覆视也。"

树达按：晋文公名重耳单称重。

（三）

又昭公元年云：君子曰："莒展之不立，弃人也夫！"

树达按：展舆单称展。

（四）

《谷梁传》昭公二十一年云：蔡侯东出奔楚。东者，东国也。

树达按：东国单称东。

（五）

《史记》卷三十三《鲁世家》云：惠公卒，长庶子息摄当国，是为隐公。

树达按：息姑单称息。梁玉绳云："脱姑字。"非也。

（六）

又卷三十五《管蔡世家》云：如公孙彊不修厥政，叔铎之祀忽诸。

    树达按：振铎省称铎。

（七）

又卷十一《景帝纪》云：以御史大夫开封侯陶青为丞相。

    树达按：青翟单称青，《汉书》作青翟。

（八）

扬雄《法言》云：或问屈原相如之赋。子曰："原也过以浮，如也过以虚。"

（九）

汉《费凤别碑》云：司马慕蔺相，南容复《白圭》。

    树达按：汉司马相如，慕蔺相如之为人，故名相如。此相如单称相。

（十）

晋皇甫谧《释劝》云：荣期以三乐感尼父。

    树达按：谓荣启期。

（十一）

又云：郑真躬耕以致誉。

　　树达按：谓郑子真。

（十二）

穆子容《重立太公庙碑》云：卢忌置碑，僻据山阜。

　　树达按：谓卢无忌也。

（十三）

潘岳《马汧督诔》云：齐万哮阚，震惊台司。
又潘岳《关中诗》云：纷纭齐万，亦孔之丑。

　　树达按：谓齐万年也。

（十四）

葛洪《抱朴子》云：秦西以过厚见亲。

　　树达按：谓秦西巴。

（十五）

《晋书》卷七十一《孙惠传》云：窃慕墨翟申包之诚。

　　树达按：谓申包胥。

（十六）

李白《奔亡道中》云：申包惟恸哭，七日鬓毛斑。

　　树达按：申包胥省称申包，与《晋书·孙惠传》同。

（十七）

戴叔伦《答处上人宿玉芝观见寄》云：可爱剡溪僧，独寻陶景舍。

　　树达按：陶弘景省称陶景。

（十八）

白居易《答四皓庙》云：君看齐鼎中，焦烂者郦其。

　　树达按："郦食其"省去"食"字。

丙　字省称

（一）

班固《幽通赋》云：巨滔天而泯夏。

　　树达按：王莽字巨君，单称巨。

（二）

《三国志》卷三十八《蜀志·秦宓传》云：仲尼、严平会聚众书以成《春秋》《指归》之文。

　　树达按：严遵，字君平。

（三）

唐杨巨源诗云：不同蘧玉学知非。

　　树达按：谓蘧伯玉。

（四）

孟浩然《初出关旅亭夜坐怀王大校书》云：永怀蓬阁友，寂寞滞杨云。

　　树达按：杨云谓杨子云。子云，扬雄字也。

（五）

杜沣《晚秋寄猗氏第五明府解县韩明府》云：灞涘袁安履，汾阳宓贱琴。

　　树达按：孔子弟子宓不齐字子贱。

（六）

孟郊《寄陕府邓给事》云：赏句类陶渊。

　　树达按：陶潜字渊明，此省称渊。

丁 姓字连省称

（一）

《史通》卷十六《杂说篇》云：马卿自叙。

　　树达按：谓司马长卿。

戊 官省称

（一）

陆厥诗云：如姬卧寝内，班婕坐同车。

　　树达按：谓班婕妤。

己 谥省称

（一）

　　顾炎武《日知录》卷二十三云：古人谥有二字三字而后人相沿止称一字者。卫之叡圣武公止称武公，贞惠文子止称公叔文子，晋赵献文子止称文子，魏惠成王止称惠王，楚顷襄王止称襄王，秦惠文王止称惠王，悼武王止称武王，昭襄王止称昭王，庄襄王止称庄王，韩昭釐侯止称昭侯，宣惠王止称宣王，赵悼襄王止称襄王，汉诸葛忠武侯止称武侯。

庚　译名省称

（一）

张衡《东京赋》云：呼韩来享。

　　树达按：谓呼韩邪单于。

辛　地省称

（一）

《左传》昭公二十七年云：吴子欲因楚丧而伐之，使公子掩余、公子烛庸帅师围潜，使延州来季子聘于上国，遂聘于晋以观诸侯。

　　树达按：杜注云："季子本封延陵，后复封州来，故曰延州来。"

二、省词

甲　承上省

上　名词
子　主辞

（一）

《左传》定公四年云：楚人为食，吴人及之，奔，食而从之。

树达按:本当云:"楚人奔,吴人食而从之,承上省去。"

（二）

又隐公元年云:大都,不过参国之一;中,五之一;小,九之一。

树达按:本当云:"中都,小都,承上省略。"

（三）

《齐策》云:邹忌修八尺有余……旦日,客从外来,与坐谈。问之客曰:"吾与徐公孰美?"

树达按:本当言忌与坐谈。

（四）

《国语·周语下》云:今郤伯之语犯,叔迂,季伐。

丑 宾辞

（一）

《左传》襄公九年云:使华阅讨右官,官庀其司,向戌讨左,亦如之。

树达按:右官谓右师,左谓左师,此文讨左,左下承上文右官省官字。

（二）

《晏子春秋》云：景公问于晏子："治国何患？"曰："患夫社鼠。夫国亦有焉，人主左右是也。"

树达按：本当云："夫国亦有社鼠，承上省去。"下文云："夫国亦有猛狗，用事者是也。""猛狗"二字不省。

寅　领位辞

（一）

《礼记》十三《玉藻篇》云：君羔幦虎犆，大夫齐车；鹿幦豹犆，朝车。

树达按：俞樾云："此言人君羔幦虎犆之车，为大夫之齐车；人君鹿幦豹犆之车，为大夫之朝车也。'鹿幦'上亦当有'君'字，'朝车'上亦当有'大夫'字，承上而省也。"

（二）

《春秋》隐公六年云：冬，宋人取长葛。

树达按：杜注云："上有'伐郑围长葛'，长葛郑邑可知，故不言郑也。"

（三）

《史记》卷百十一《卫青传》云：剽姚校尉去病……斩单于大父行籍若侯产，生捕季父罗姑比。

树达按：季父，亦单于之季父也，承上句"单于大父行"省去单于二字。

卯　加辞

（一）

《春秋》宣公元年云：公子遂如齐逆女。三月，遂以夫人妇姜至自齐。

树达按：《公羊传》云："遂何以不称公子？一事而再见者，卒名也。"何休注云："卒，竟也。竟但举名者，省文。"

（二）

又成公十四年云：秋，叔孙侨如如齐逆女。九月，侨如以夫人妇姜氏至自齐。

树达按：再见之侨如不称叔孙，与上例同。《左传》以称叔孙为尊君命，不称者为尊夫人，非也。

（三）

金文《女嬰彝》云：女嬰董覲于王，癸日，嬰商貝朋，用乍作嬰尊彝。

　　树达按：女嬰，盖姓女名嬰。铭文初称女嬰，再三见只称嬰，省文。

辰　先目后凡

（一）

《春秋》僖公五年云：公及齐侯、宋公、陈侯、卫侯、郑伯、许男、曹伯会王世子于首止。《公羊经》作首戴。秋八月，诸侯盟于首止。

　　树达按：《公羊传》云："诸侯何以不序？一事而再见者，前目而后凡也。"何注云："省文，从可知。"

　　树达按：前目者，历举齐侯、宋公、陈侯以下七君也。后凡者，总称诸侯也。《说文·二部》云："凡，最括也。"

（二）

又襄公二十五年云：公会晋侯、宋公、卫侯、郑伯、曹伯、莒子、邾子、滕子、薛伯、杞伯、小邾子于夷仪。秋八月己巳，诸侯同盟于重丘。

　　树达按：杜注云："夷仪之诸侯也。"孔疏云："僖五年《公羊传》是言前序后总，取省文之义，故此直言诸侯犹是上夷仪之诸侯也。"

（三）

又定公四年云：三月，公会刘子、晋侯、宋公、蔡侯、卫侯、陈子、郑伯、许男、曹伯、莒子、邾子、顿子、胡子、滕子、薛伯、杞伯、小邾子、齐国夏于召陵，侵楚。五月，公及诸侯盟于皋鼬。

树达按：杜注云："诸侯，总言之也。"孔疏云："书经之例，诸侯先会而后盟，皆前目而后凡，此共盟者还是前会之诸侯，前已历序，故于此总言之也。"

下　动词

子　内动词

（一）

《左传》庄公二十八年云：先君以是舞也，习戎备也。今令尹不寻诸仇雠，而于未亡人之侧，不亦异乎！

树达按：本当云："而寻于未亡人之侧，承上省去寻字。"寻，用也。

（二）

又襄公十二年云：凡诸侯之丧，异姓，临于外；同姓，于宗庙；同宗，于祖庙；同族，于祢庙。

树达按:"于宗庙""于祖庙""于祢庙"上均承上文省"临"字。

(三)

《左传》昭公三年云:山木如市,弗加于山;鱼盐蜃蛤,弗加于海。

树达按:杜注云:"贾如在山海不加贵。"孔疏云:"如训往也,言将山木往至市也。"于木既云如市,鱼盐蜃蛤亦如市可知,蒙上文也。

(四)

又宣公十二年云:执事,顺成为臧,逆为否。

树达按:逆下应有成字,省去。

(五)

《孟子》二《公孙丑上篇》云:王不待大。汤以七十里,文王以百里。

树达按:本当云:"汤以七十里王,文王以百里王。"

(六)

《吕氏春秋》卷十三《听言篇》云:善不善,本于义,不于爱。

树达按:本当云:"不本于爱。"

（七）

《史记》卷十三《三代世表序》云：《诗》言契生于卵，后稷人迹者，欲见其有天命精诚之意耳。

　　树达按：此例"后稷"下省动词"生"字，并省介词"于"字。

（八）

《汉书》卷六十四《严助传》云：具以《春秋》对，毋以苏秦纵横！

　　树达按："纵横"下省去"对"字。

丑　外动词

（一）

《左传》文公三年云：君子是以知秦穆公之为君也，举人之周也；孟明之臣也，其不解也，能惧思也。

　　树达按：本当云："孟明之为臣也。"省去"为"字。

（二）

《晋语》八云：医和曰："上医医国，其次疾，固医官也。"

　　树达按：本当云："其次医疾。"

（三）

《孟子》四《离娄上篇》云：视天下悦而归己，犹草芥也。

　　树达按：本当云"犹视草芥也"。此类例有不省者，如《国策》苏秦之楚章：楚王曰："寡人闻先生若闻古人"，下一"闻"字不省。

（四）

《吕氏春秋》卷十九《举难篇》云：人伤尧以不慈之名，舜以卑父之号，禹以贪位之意，汤武以放弑之谋，五伯以侵夺之事。

（五）

《史记》卷十七《汉兴以来年表序》云：周封伯禽康叔于鲁卫，地各四百里，太公于齐，兼五侯地。

　　树达按：本当云："封太公于齐。"

（六）

《汉书》卷二十五《郊祀志下》云：祠参山八神于曲城，蓬山石社石鼓于临朐，之罘山于腄，成山于不夜，莱山于黄。

（七）

《汉书》卷七十八《萧育传》云：咸最先进，年十八，为左曹；二十余，御史中丞。

树达按：本当云："为御史中丞。"

（八）

又卷八十八《儒林传》云：霸为博士，堪译官令。

树达按：本当云："为译官令。"

寅　外动词与宾语

（一）

《左传》庄公三十二年云：故有得神以兴，亦有以亡。

树达按：本当云："亦有得神以亡。"

（二）

《孟子》五《万章上篇》云：予，天民之先觉者也，予将以斯道觉斯民也，非予觉之而谁也？

树达按：本当云："非予觉之而谁觉之也。"

（三）

《国策·卫策》云：卫嗣君时，胥靡逃之魏，卫赎之百金，不与，乃请以左氏。

树达按：本当云："乃请以左氏赎之。"

乙 探下省

子 名词

（一）

《书·尧典》云：舜生三十，征庸三十，在位五十载。

树达按：三十下并省载字。

（二）

《孟子》三《滕文公篇》云：夏后氏五十而贡，殷人七十而助，周人百亩而彻。

树达按：五十七十下并省亩字。

（三）

《史记》卷二十七《天官书》云：其南为丈夫，北为女子丧。

树达按：丈夫下省丧字。

（四）

《汉书》卷八十四《翟方进传》云：方进虽受《谷梁》，然好《左氏传》天文星历。其《左氏》，则国师刘歆；星历，则长安令田终术师也。

树达按：本当云："国师刘歆师。"

丑　动词

（一）

《论语》十五《卫灵公篇》云：躬自厚而薄责于人，则远怨矣。

树达按：本当云："躬自厚责。"

（二）

《汉书》卷九十六《西域传》云：扜弥南与渠勒，东北与龟兹，西北与姑墨接。

树达按：渠勒龟兹下并省接字。于阗下云："南与婼羌接，北与姑墨接。"即不省。

寅　外动及其宾辞

（一）

《列子》云：杨子之邻人亡羊，既率其党，又请杨子之竖追之。

树达按：本当云："既率其党追之。"

(二)

《汉书》卷七十八《萧望之传》云：时上初即位，思进贤良，多上书言便宜，辄下望之问状。高者请丞相御史，次者中二千石试事，满岁以状闻。

树达按：丞相御史下省"试事"二字。

丙　承上探下两省

(一)

《诗·大雅·召旻》篇云：维昔之富不如时，维今之疚不如兹。

树达按：亡友曾运乾云："此言维昔之富今不如时，维今之疚昔不如兹也。"上句应有今字，因下省，下句应有昔字，承上省。

三、省句

甲　承上省

(一)

《易·同人》云：九五：同人先号咷而后笑，大师克相遇。《象传》云：同人之先，以中直也。

　　树达按：《易疏》卷二云："同人之先以中直者，解先号咷之意。"但《象》略号咷之字，故直云"同人之先以中直也。"王引之云："同人之先，谓同人之先号咷而后笑也。先者，有后之辞也，言先而后见矣。"

（二）

　　又《随》云：六二：系小子，失丈夫。六三：系丈夫，失小子。随有求得，利居贞。《象传》云："系小子，勿兼与也。""系丈夫，志舍下也。"

　　树达按：王引之云："六二《传》省'失丈夫'之文，六三《传》省'失小子'之文。"

（三）

　　《易·乾》云：九三：君子终日乾乾，夕惕若，厉无咎。《象传》云：终日乾乾，反复道也。

（四）

　　又《坤》云：六四：括囊，无咎无誉。《象传》云：括囊无咎，慎不害也。

（五）

又《蒙》云：初六：发蒙，利用刑人，用说桎梏，以往吝。《象传》云：利用刑人，以正法也。

（六）

又《泰》云：九三：无平不陂，无往不复。艰贞，无咎。《象传》云：无往不复，天地际也。

（七）

又《随》云：上六：拘系之，乃从维之，王用亨于西山。《象传》云：拘系之，上穷也。

（八）

又《无妄》云：六二：不耕获，不菑畲，则利有攸往。《象传》云：不耕获，未富也。

（九）

又《离》云：九四：突如其来如，焚如，死如，弃如。《象传》云：突如其来如，无所容也。

（十）

又《鼎》云：六五：鼎黄耳金铉，利贞。《象传》云：鼎黄耳，中以为实也。

（十一）

又《中孚》云：六三：得敌，或鼓，或罢，或泣，或歌。《象传》云：或鼓或罢，位不当也。

乙 语急省

（一）

《礼记》一《檀弓上篇》云：子夏丧其子而丧其明。曾子吊之，曰："吾闻之也：朋友丧明则哭之。"曾子哭，子夏亦哭，曰："天乎！予之无罪也！"曾子怒，曰："商！女何无罪也！吾与女事夫子于洙泗之间，退而老于西河之上，使西河之民疑女于夫子，尔罪一也；丧尔亲，使民未有闻焉，尔罪二也；丧尔子，丧尔明，尔罪三也。而曰女何无罪与！"

　　树达按：本当云："而曰女无罪，女何无罪与！"

（二）

《管子·立政九败解》云：人君唯毋听寝兵，则群臣宾客莫敢言兵。

树达按：王念孙云："毋，语词，无义。"树达按：王说非也。文本当云："人君唯毋听寝兵，听寝兵，则群臣宾客莫敢言兵。"以语急省去一句。果如王说，不唯毋字无义，即唯字亦为赘文矣。

（三）

《史记》卷百二《冯唐传》云：上既闻廉颇李牧为人，良说，而搏髀曰："嗟乎！吾独不得廉颇李牧时为吾将，吾岂忧匈奴哉！"

树达按：本当云："吾若得廉颇李牧为将，吾岂忧匈奴哉！"

（四）

又卷百三十《太史公自序》云：故有国者不可以不知《春秋》；前有谗而弗见，后有贼而不知。为人臣者不可以不知《春秋》；守经事而不知其宜，遭变事而不知其权。

树达按：两"不可以不知《春秋》"句下，本当有"不知《春秋》"句。

附录 文病若干事

（一）

梁刘勰《文心雕龙·指瑕篇》云：陈思之文，群才之俊也。而《武帝诔》云："尊灵永蛰。"《明帝颂》云："圣体浮轻。"浮轻有似于胡蝶，永蛰颇疑于昆虫，施之尊极，岂其当乎！潘岳为才，善于哀文，然悲内兄则云"感口泽"，伤弱子则云"心如疑"。《礼》文在尊极，而施之下流，辞虽足哀，义斯替矣。

树达按：陈思王《武帝诔》云："幽闼一扃，尊灵永蛰。"又《冬至献袜颂》云："翱翔万域，圣体浮轻。"《礼记·玉藻篇》云："父没而不能读父之书，手泽存焉尔；母没而杯圈不能饮焉，口泽之气存焉尔。"又《檀弓上篇》云："孔子观送葬者，曰：'善哉为丧乎！其往也如慕，其反也如疑。'"潘岳《金鹿哀辞》云："将反如疑，回首长顾。"按金鹿乃岳幼子，故刘云施之下流。

（二）

隋颜之推《家训·文章篇》云：陈思王《武帝诔》，遂深永蛰之思；潘岳《悼亡赋》，乃怆手泽之遗。是方父于虫，匹妇于考也。蔡邕《杨秉碑》云："统大麓之重。"潘尼《赠卢景宣诗》云："九五思龙飞。"孙楚《王骠骑诔》云："奄忽登遐。"陆机《父诔》云："亿兆宅心，敦叙百揆。"《姊诔》云："倪天之和。"今为此言，则朝廷之罪人也。王粲《赠杨德祖诗》云："我君饯之，其乐泄泄。"不可妄施人子，况储君乎！

（三）

又云：《诗》云："孔怀兄弟。"孔，甚也；怀，思也，言甚可思也。陆机《与长沙顾母书》述从祖弟士璜死，乃言："痛心拔脑，有如孔怀。"心既痛矣，即为甚思，何故方言"有如"也！观其此意，当谓亲兄弟为"孔怀"。

《诗》云："父母孔迩。"而呼二亲为"孔迩"，于义通乎？

　　树达按：此用歇后语之病也。

（四）

又《勉学篇》云：谈说制文，援引古昔，必须眼学，勿信耳受。庄生有乘时鹊起之说，故谢朓诗曰："鹊起登吴台。"吾有一亲表作

《七夕诗》云:"今夜吴台鹊,亦往共填河。"《罗浮山记》云:"望平地树如荠。"故戴暠诗云:"长安树如荠。"又邺下有一人《咏树诗》云:"遥望长安荠。"皆耳学之过也。

(五)

唐刘知几《史通》卷五《因习篇》云:《史记·陈涉世家》称:"其子孙至今血食。"《汉书·涉传》乃具载迁文。案迁之言今,实孝武之世也;固之言今,当孝明之世也。事出百年,语同一理。即如是,岂陈氏苗裔祚流东京者乎!

(六)

又云:《汉书》云:"严君平既卒,蜀人至今称之。"皇甫谧全录斯语载于《高士传》。夫孟坚士安年代悬隔,"至今"之说,岂可同云!

(七)

又《叙事篇》自注云:王沈《魏书·邓哀王传》曰:"容貌姿美,有殊于众,故特见宠异。"裴松之曰:一类之言而分以为三,亦叙属之一病也。

树达按:谓容貌姿三字一义也。

（八）

宋洪迈《容斋随笔》卷四云：韩文公《送孟东野序》云："物不得其平则鸣。"然其文云："在唐虞时，咎陶禹，其善鸣者而假之以鸣；夔假于《韶》以鸣。伊尹鸣殷，周公鸣周。"又云："天将和其声而使鸣国家之盛。"然则非所谓不得其平也。

（九）

宋孔平仲《珩璜新论》云：《后汉书·刘恺传》：陈忠上疏荐恺，言："臣父宠前忝司空。""忝"岂可施于父乎！此范氏不择之罪。

树达按：忝字训辱。

（十）

又云：宋玉文："岂能与之料天地之高哉！"天言高，可也；地言高，不可也。《后汉·杨厚传》父统对："耳目不明。"目言明，可也；耳言明，不可也。

（十一）

宋邵博《闻见后录》卷十六云：《周诗》"太姒嗣徽音"者，太姒嗣太任耳。太任于太姒，君姑也，有嗣之义。东坡《司马文正行状》：

— 247 —

"二圣嗣位。"哲宗于神庙为子，曰嗣位，则可；宣仁后于神庙为母，曰嗣位，则不可。

（十二）

又同卷云：曾南丰读欧阳公《昼锦堂记》"来治于相"，《真州东园记》"泛以画舫之舟"二语，皆以为病。

（十三）

宋陆游《老学庵笔记》卷四云：汪彦章草赦书叙军兴征敛，其词云："八世祖宗之泽，岂汝能忘；一时社稷之忧，非予获已。"最为精当，人以比陆宣公《兴元赦书》。然议者谓自太祖至哲宗方七世，若并道君数之，又不应曰祖宗，彦章亦悔之，信乎文之难也。

树达按：此宋钦宗时事。道君者，徽宗也。时徽宗尚在，故不得云祖宗。愚意此文若改云累世，以浑涵出之，则善矣。

（十四）

宋费衮《梁溪漫志》卷六云："叵"字乃"不可"二合，其义亦然。史传多连用"叵可"字，盖重出。如《安禄山传》"叵可忍"之类是也。

（十五）

《朱子语类》卷百三十四云:《史记》亦疑当时不曾得删改脱稿。《高祖纪》记迎太公处称高祖,此样处甚多。高祖未崩,安得高祖之号!《汉书》尽改之矣。《左传》只有一处云:"陈桓公方有宠于王。"

（十六）

又云:吕东莱甚不取班固。如载文帝《建储诏》云:"楚王,季父也,春秋高,阅天下之义理多矣,明于国家之大体。吴王于朕,兄也,惠仁以好德。淮南王,弟也,秉德以陪朕,岂为不豫哉!"固遂节了吴王一段,只于淮南王下添皆字,云:"皆秉德以陪朕。"盖陪字训辅,以此言弟则可,言兄可乎?今《史记》却载全文。

（十七）

宋刘羲仲《通鉴问疑》云:道原曰:"《齐百官志》:'晋太康中,刺史治民,都督治军事。至惠帝乃并任,非要州则单为刺史。'是刺史不加督字者,不得总其统内军事也。檀道济都督江州之江夏,豫州之西阳,新蔡,晋熙四郡诸军事江州刺史。《晋》、《宋志》:'江州领郡九,豫州领郡十,而道济止得都督四郡。'南北朝时军任甚重,都督岂虚名哉!《南史》但云江州刺史,务欲省文,不知害义也。"

（十八）

《朱子语类》卷百三十九云：欧阳公《五代史·宦者传》末句云："然不可不戒。"当时必有载张承业事在此，故曰"然不可不戒"。后既不欲载之于此，而移之于彼，则此句当改，偶忘削去故也。

（十九）

元白珽《湛渊静语》卷一云：潘岳诗："引领望京室，南路在伐柯。"《五臣注》："南路，京道。伐柯者，《诗》云：'伐柯伐柯，其则不远。'谓去京不远。"岳如此命意，不亦太迂乎！

（二十）

清焦循《易余籥录》卷八云：《北史·儒林传》："游雅与陈奇论典诰，至《易·讼卦》'天与水违行'，雅曰：'自葱岭以西，水皆西流。推此而言，自葱岭西，岂南向望天哉！'雅性护短，因以为嫌。"按《魏书》载此事云："雅赞扶马郑，至于《易·讼卦》'天与水违行'，雅曰：'自葱岭以西，水皆西流，推此而言，《易》之所及，自葱岭以东耳。'奇曰：'《易》理绵广，包含宇宙。若如公言，自葱岭以西，岂东向望天哉！'奇执义非雅，每如此类，终不苟从，雅性护短，因以为嫌。"此文自畅达。盖是时马郑之学行于河北，游株守马郑者也。陈奇于经常非马融、郑玄解经失旨，所注

《论语》,其义多异郑玄,故志意不相合。李延寿删去"游赞扶马郑"五字,情事遂不明。又误以"东向望天"为"南向望天",而合并为游雅一人之言,其意遂不可明。

(二十一)

清翁方纲《复初斋文集》卷十七书姜宸英《湛园未定槁》云:周栎园,河南祥符人,官江南布政使。而其墓志云:"卒于江宁之里第。"岂有官廨可称里第者乎!志其人之生平而云某科进士者,不知其何世,云卒年若干,不知其为何岁。徒以词气若效史迁,而目为古文,可乎!

(二十二)

清章学诚《乙卯札记》云:《汉书·外戚传》:"景帝薄皇后,薄太后家女。景帝立,立为皇后。六年,薄太后崩,皇后废。"按《本纪》及《薄太后传》,太后崩于景帝二年,薄后实废于景帝六年,相去四年,岂可附合!若因薄后以太后崩而中无系援,故牵连书之,则太后崩句不应实于六年之下,文意亦晦而未出也。

(二十三)

又云:《隋·地理志》不叙四十二州刺史所部,而强分《禹贡》九州,乃文章之纰缪。

树达按：此模古之病也。

（二十四）

又云：《南史·后妃传》："梁元帝徐妃淫通多人。及死，以尸还徐氏。帝制《金楼子》，述其淫行。"今《金楼子》不及徐妃事，盖书有缺也。第《金楼子》文多依理，中有《后妃》三篇，亦载古今后妃内行可鉴戒者，或有述徐妃事为戒耳。如《南史》传文，似《金楼子》一书专为述徐妃淫事而作，文法未分明也。

树达按："述"上增一"尝"字，则无此病矣。

（二十五）

又云：元人魏初为其父墓碣，书其祖父不以文显，乃云"虞夏文不胜质"，自挡文语以代叙事，大乖清真之体。

（二十六）

孟浩然《李氏园林卧疾》云：伏枕嗟公幹，归田羡子平。

树达按：清张云璈《四寸学》卷三云："以张平子有《归田赋》，倒用其名，仅见。"树达按：张衡字平子，非名也。倒用确为文病。

第二编 古书句读释例

再版序

余往任教于清华大学,曾以古书句读授中国文学系诸生。北京某书店取余讲义印为《古书之句读》一书。1935年,已故苏联汉学家阿力克院士贻书于余,谓彼于余尤表倾慕者,实以读此书故。先是1934年,余尝取此书增益例句,付商务印书馆印行,易其名为《古书句读释例》,迄今整二十年矣。今者中华书局为适应读者需要,以重印此书为请,余乃取近年手校本付之。此书原本例句百六十九条,今删去《左传》成公十六年一条。《礼记·哀公问篇》"公曰寡人固"一条,应属当读而失读例,旧误隶之当属下读而误属上。《诗·周颂·天作篇》"彼徂矣岐"一条,当以岐字属上,而原本误以属下,今皆改正。又原书十五章未及分类,今类别为类型、贻害、原因、特例四类以统括十五章云。书印既成,特记其缘起于此。是为序。

1954年7月27日杨树达记于岳麓山至善村之耐林庼

叙论

《礼记·学记篇》曰："比年入学，中年考校。一年，视离经辨志。"郑玄注云："离经，断句绝也。"孔颖达疏云："学者初入学二年，乡遂大夫于年终之时考视其业。离经，谓离析经理，使章句断绝也。"武亿云："古者十五入大学，今间年考校，以《疏》计之，为二年，是学者十七时先辨经读也。"

《周礼·天官宫正》曰："春秋以木铎修火禁，凡邦之事跸。"郑玄注云："郑司农读火绝之，云：禁凡邦之事跸。"按绝句犹今言断句，断绝义训本同。又按《宫正释文》云："读，徐音豆。"

《说文·五篇上》、部云："'、'，有所绝止而识之也。"按、即今所用之读点。又按"、"今音之庾切，古音则读如豆。盖古人用、以为绝句之记号，后人因假籀书之读为句读之读。然则、为本字，读乃假字，以音近通假耳。（"、"字古音在侯部，读字从卖声，古音在屋部。侯屋二部古音为平入，相通转。）

《说文·十二篇下》乚部云："乚，钩识也。从反乚。读若夐。"《玉篇》引《说文》："居月切。"大徐同。褚少孙补《史记·滑

— 256 —

稽传》云："东方朔上书，凡用三千奏牍。人主从上方读之，止，辄乙其处。二月乃尽。"段玉裁《说文注》云："此非甲乙字，乃正乚字也。今人读书有所钩勒即此。"按段说甚确。乚亦古人读书时用以为标识之符号，与、相类者，故并记之。（《流沙坠简》内《屯戍丛残》有一简云："隧长常贤乚充世乚绾乚鸨等候疫稟郡界中门戍卒王韦等十八人皆相从。"王静安先生云："隧长四人前三人名下皆书乚以乙之，如后世之施句读。盖以四人名相属，虑人误读故也。"树达按乚即《说文》之乚也。）

《韩非子·外储说左下》云：哀公问于孔子曰："吾闻夔一足，信乎？"曰："夔，人也；何故一足？彼其无他异而独通于声，尧曰：夔一而足矣。使为乐正。故君子曰：夔有一足，非一足也。"树达按如孔子所言，则"夔有一足"四字本当作二句读。"夔有一"为一读，足字一字为一读也。而鲁哀公之所问，则直读四字为一句，故疑为"夔只有一只足"之意。句读关系于文义者如此。

句读之事，视之若甚浅，而实则颇难。《后汉书·班昭传》云："《汉书》始出，多未能读者；马融伏于阁下，从昭受读。"何休《公羊传序》云："讲诵师言，至于百万。犹有不解，时加酿嘲辞，援引他经，失其句读，以无为有，甚可闵笑者，而不可胜记也。"观此二事，句读之不易，可以推知矣。（句读人多视以为浅近，故清儒刻书恒不施句读。惟高邮王氏自刻之书，如《广雅疏证》《经传释词》等，皆自加句读。）

句读不易，故前人往往误读。今采掇诸书，分条比辑，管窥所得，亦附一二，非敢自矜达识，亦聊以符往哲实事求是之心云尔。

甲 误读的类型

一、当读而失读

例一

女则从，龟从，筮从，卿士从，庶民从，是之谓大同，身其康彊子孙其逢吉（《书·洪范篇》）

《伪孔传》以"逢吉"连读，解为遇吉。李惇云："此当读至'逢'字句绝，与上文五'从'字一'同'字音韵正协。'吉'字别为一句，与下文五'吉'字二'凶'字体例正合。据《传》以此为大吉，下文三从二逆为中吉，二从三逆为小吉。中吉小吉且言吉，况大吉乎！"王念孙云："李说是也。《汉书·王莽传》曰：'康彊之占,逢吉之符,'则西汉时已误以'逢吉'连读；盖亦解为遇吉故也。不知逢者，大也。'子孙'对'身'言之，'逢'对'康彊'言之，故马融注曰：'逢，大也。'子孙其逢，犹言'其后必大'耳。《儒行篇》郑玄注曰：'逢犹大也。'《荀子·非十二子篇》注曰：'逢，大也。'体例训诂音韵三者皆合，理无可疑。"(见《经义述闻》卷三)树达按李、王读是也。

例二

缁衣之宜兮,敝,予又改为兮。适子之馆兮,还,予授子之粲兮。(《诗·郑风·缁衣》)

旧读敝予六字为句,还予七字为句,下二章同。故旧题云:"《缁衣》三章,章四句。"顾炎武《诗本音》云:"旧作三章章四句。今详敝字当作一句,还字当作一句,难属下文。当作三章章六句。"树达按顾说是也。

例三

夫唯禽兽无礼故父子聚麀,是故圣人作,为礼以教人,使人以有礼,知自别于禽兽。(《礼记·曲礼上篇》)

旧以作字连下"为"读。朱子云:"陆农师点'圣人作'是一句,'为礼以教人'是一句。"武亿云:"《淮南子·氾论训》:'古者民泽处复穴,冬日则不胜霜雪雾露,夏日则不胜暑热蚊虻,圣人乃作,为之筑土构木以为宫室,上栋下宇以蔽风雨,以避寒暑,而百姓安之。'圣人乃作为一句,为之亦连下读。与此文势正合。"树达按陆、武读是也。《易·系辞下》传云:"神农氏没,黄帝尧舜氏作,通其变使民不倦。"与此文圣人作句例亦同。

例四

人生十年曰幼学；二十曰弱冠；三十曰壮有室；四十曰强而仕；五十曰艾服官政；六十曰耆指使；七十曰老而传；八十九十曰耄；七年曰悼。悼与耄，虽有罪，不加刑焉。百年曰期，颐。(《礼记·曲礼上篇》)

《郑注》云："期犹要也；颐，养也。不知衣服食味，孝子要尽养道而已。"此以"期颐"二字连读。王念孙《广雅疏证》卷一上云："《古辞满歌行》：'百年保此期颐'，亦以'期颐'二字连读。案期之言极也。《诗》言'思无期'、'万寿无期'，《左传》言'贪惏无厌，忿类无期'，皆是究极之义。百年为年数之极，故曰百年曰期。当此之时，事事皆待于养，故曰颐。'期颐'二字不连读。"《射义》云："'旄期称道不乱'，是其证。朱子云：'十年曰幼'为句，'学'字自为句，下至'百年曰期'皆然，此说是也。"树达按郑君误读，朱、王读是也。

例五

将军文氏之子，其庶几乎！亡于礼者之礼也，其动也中。(《礼记·檀弓上篇》)

《孔疏》云："此言文氏之子庶几堪行乎无于礼文之礼也。"是以"其庶几乎"连下文为句。陈澔《集说》云："文氏之子，其近于礼乎！虽无此礼而为之礼，其举动皆中节矣。"树达按

《易·系辞下传》云:"子曰:颜氏之子,其殆庶几乎!有不善,未尝不知;知之,未尝复行也。"以"庶几乎"为句。《礼记》句例与《易》正同。陈读是,孔读非也。

例六

孔子之丧,有自燕来观者,舍于子夏氏。子夏曰:"圣人之葬人与?人之葬圣人也。子何观焉?"(《礼记·檀弓上篇》)

郑注云:"与,及也。"是以"圣人之葬人"以下十二字为一句,《孔疏》引王肃云:"圣人葬人与属上句。以言若圣人葬人与,则人庶有异闻,得来观者。若人之葬圣人,与凡人何异,而子何观之?"是以圣人以下分作二句读。今按王读是,郑读非也。

例七

公曰:"寡人固,不固,焉得闻此言也。"(《礼记·哀公问篇》)

郑注云:"固不固,言吾由鄙固故也。"是以"寡人固不固"为一句。《孔疏》云:"上固是鄙固,下固故也。言寡人由鄙固之故,所以得闻此言。由其固陋,殷重问之,故得闻此言。"树达按郑说既于文义难通,故《疏》申郑强说亦令人不解。《疏》又云:"皇氏用王肃之义,二固皆为固陋。上固言己之固陋,下固言若不鄙固则不问,不问,焉得闻此言哉?"今按王皇以"寡人固"三字为一句,"不固"别为一读,是也。郑失其读,故说不可通。

例八

初，公筑台，临党氏，见孟任，从之，閟。而以夫人言，许之，割臂盟公。生子般焉。(《左传·庄公三十二年》)

杜注云："许以为夫人"，是以"夫人言许之"连文为句。顾炎武《左传杜解补正》云："此当以夫人言为句，公许以立之为夫人也。许之，孟任许公也。"今按顾读是也。

例九

雨雪王皮冠，秦复陶，翠被豹舄，执鞭以出，仆析父从。右尹子革夕，王见之，与之语曰："……今吾使人于周，求鼎以为分，王其与我乎？"对曰："与君王哉！"……王曰："昔我皇祖伯父昆吾，旧许是宅。今郑人贪赖其田，而不我与。我若求之，其与我乎？"对曰："与君王哉！"……王曰："昔诸侯远我而畏晋，今我大城陈、蔡、不羹，赋皆千乘，子与有劳焉。诸侯其畏我乎？"对曰："畏君王哉！"……王入……析父谓子革："吾子，楚国之望也！今与王言如响，国其若之何？"(《左传·昭公十二年》)

杜注以"仆析父从"为句。刘炫以为仆析父从右尹子革夕见于王，为下与革语张本，以规杜，则以从字连下读为一句。孔疏云："若仆析父共子革二人同时见，王与之语，则二人并在，子革独对，《传》应云'子革对曰'，不得直云对。故杜以为右尹子革独夕,故下即云对,事理分明。刘妄规杜,非也。"武亿《经读考异》云:"愚谓下文析父谓子革:'吾子楚国之望也'云云,据此析父必同时在旁,见其对王之词,声应俱现,故与王言如响,始尽其状,则实从子革同见,而子革独属对也。刘氏读似可依。"树达按若二人同见,则文当直云右尹子革仆析父夕,或当云右尹子革与仆析父夕,不当云仆析父从右尹子革夕也。武氏谓必同见而后仆析父始得闻王与子革问答之词,不知仆析父从者,仆析父从王也,仆析父既从王而出,身在王之左右,则自得闻其言也。杜、孔说是,刘读武说非也。

例十

卫侯占梦,嬖人求酒于太叔僖子,不得,与卜人比而告公曰:"君有大臣在西南隅,弗去,惧害。"乃逐太叔遗,遗奔晋。(《左传·哀公十六年》)

杜注云:"以能占梦见爱。"以"占梦嬖人"连文。武亿云:"'卫侯占梦'直绝句。'嬖人'下属'求酒于太叔僖子'为一句,'不得'为一句。与卜人比而告公云云,情事自见。杜曲解,不可从。"树达按武说是也。

例十一

楚王大说宣言之于朝廷,曰:"不谷得商于之地,方六百里。"群臣闻见者毕贺,陈轸后见,独不贺。(《国策·秦策二》)

— 263 —

金正炜《战国策补释》释群臣闻见者毕贺云："《淮南·修务篇》注：'见犹知也'，又或涉下文'陈轸后见'而衍。"树达按金以"群臣闻见者毕贺"七字连读，故释"见"为"知"，又疑"见"字涉下而衍，二说皆非也。此当于"闻"字为读，闻者，闻王之宣言也；见者，谓群臣中之见王者也。文义甚明。盖闻王宣言群臣之中，有见王者，亦有未见王者，故特云见者毕贺也。

例十二

是故无其实而喜其名者削，无德而望其福者约，无功而受其禄者辱，祸必握。(《国策·齐策四》)

鲍彪注云："言祸辱随之不舍也，"以"无功而受其禄者辱祸必握"十一字连作一句读。孙诒让《札逡》卷三云："此当读'无功而受其禄者辱'句，'祸必握'三字句，("削""约""辱"文相对。)言其得祸必重也。《易·鼎九四爻辞》云：'其形渥'，《周礼》郑注引作'其刑剭'。《潜夫论·三式篇》释《易》义云：'此言三公不胜任则有渥刑也。'《汉书·叙传》颜注云：'剭者，厚刑，谓重诛也，音握。'握、渥、剭并声同字通。"树达按孙说是也。

例十三

月，五星顺入，轨道，司其出，所守，天子所诛也。其逆入，

若不轨道，以所犯命之。(《史记》卷二十七《天官书》)

《索隐》曰：韦昭云："谓循轨道，不邪逆也。顺入，从西入也。"《正义》曰："谓月五星顺轨道入太微庭也。"王念孙云："顺入，一事也；轨道，又一事也。顺入者，韦氏以为从西入，是也。轨道者，轨犹循也。谓月五星皆循道而行，不旁出也。《贾子·道术篇》曰：'缘法循理谓之轨'，是轨与循同义。《汉书·贾谊传》：'诸侯轨道'，谓循道也。《后汉书·襄楷传》：'荧惑入太微，出端门，不轨常道'，谓不循常道也。下文曰：'其逆入若不轨道。'《索隐》引宋均云：'逆入，从东入；不轨道，不由康衢而入也'；逆入为一事，不轨道又为一事，此尤其明证矣。"树达按王读是也。

例十四

楚熊通怒曰："吾先鬻熊，文王之师也，蚤终。成王举我先公，乃以子男田令居楚，蛮夷皆率服，而王不加位，我自尊耳。"乃自立，为武王。(《史记》卷四十《楚世家》)

刘炫云："号为武王，非谥也。"此以"乃自立为武王"六字作一句读，故为此说。顾炎武云："此当以'乃自立'为一句，'为武王'自为一句。盖言自立为王，后谥为武王耳。古文简，故连属言之。如《管蔡世家》：'楚公子围弑其王郏敖而自立，为灵王。'《卫世家》《郑世家》皆云：'楚公子弃疾弑灵王自立，为平王。'《司马穰苴传》：'至常曾孙和，因自立，为齐威王。'

又如《韩世家》：'晋作六卿，而韩厥在一卿之位，号为献子。'与此文势正同。刘说凿矣。项梁立楚怀王孙心为楚怀王，尉佗自立为南越武帝，此后世事耳。"今按顾说是也。此文本当云："乃自立，是为武王。"则显然为二句，不至误读。原文省去一是字，刘光伯乃遂误断耳。今吴汝纶读本仍误断。

例十五

昔齐桓公前有尊周之功，后有灭项之罪，君子以功覆过而为之讳行事。贰师将军李广利捐五万之师，靡亿万之费，经四年之劳，而仅获骏马三十匹，虽斩宛王毋鼓之首，犹不足以复费，其私罪恶甚多。孝武以为万里征伐，不录其过，遂封拜两侯、三卿、二千石百有余人。(《汉书》卷七十《陈汤传》)

师古以讳行事连读，云："行事，谓灭项之事也。"刘敞云："讳行事非辞也。讳以上为句。行事者，言已行之事，旧例成法也。汉世人言行事成事者意皆同。"王念孙云："行事二字乃总目下文之辞，刘属下读，是也。行者，往也。往事即下文所称李广利、常惠、郑吉三人之事。《汉纪》改行事为近事，近事亦往事也。然则行事为总目下文之词明矣。若以行事上属为句，则大为不词。《魏相传》云：'故事，诸上书者皆为二封，署其一曰副。领尚书者先发副封，所言不善，屏去不奏。故事二字亦是总目下文，与行事文同一例。《论衡·问孔篇》云：'行事：雷击杀人，水火烧溺人，墙屋压杀人。行事二字乃总目下文之词，与

— 266 —

《陈汤传》之行事同。又云：'成事：季康子患盗，孔子对曰：苟子之不欲，虽赏之不窃。'成事二字，亦是总目下文，故刘云汉人言行事成事者意皆同也。"树达按刘、王说是也。

例十六

久之，平阿侯举护方正，为谏大夫，使郡国。护假贷，多持币帛，过齐，上书求上先人冢，因会宗族故人，各以亲疏与束帛，一日散百金之费。(《汉书》卷九十二《游侠楼护传》)

师古以使郡国护假贷为一句，注云："官以物假贷贫人，令护监之。"刘奉世云："此谓楼护假贷于人，多赍币帛过齐，以施亲故尔。何乃谬断其句，云监护官贷耶！"树达按刘说是也。

例十七

今有声于此耳听之必慊，己听之则使人聋，必弗听，有色于此目视之必慊，己视之则使人盲，必弗视。有味于此，口食之必慊，己食之则使人喑必弗食。(《吕氏春秋》卷一《孟春纪·本生篇》)

《高注》于"慊"字为读。陈昌齐《吕氏春秋正误》、陶鸿庆《读吕氏春秋札记》并谓三"必慊"字当连下"己"字为句。余友孙君人和云："陈、陶说是也。然不解三则字之义，文亦不了。余谓则犹若也。(详见《经传释词》) 此言：声所以快耳，听之若使人聋，则必不听矣。色所以快目，视之若使人盲，则必不视矣。味所以快口，食之若使人喑，则必不食矣。"树达按孙释则为若,其说当矣。然以"听之则使人聋""视之则使人盲""食之则使人喑"为句,仍非。此当以"听之""视之""食之"为句。盖原文意谓:听之必慊于己,则听之;若使人聋,则必不听。视之必慊于己,则视之;若使人盲,则必不视。食之必慊于己,则食之;若使人喑,则必不食也。

例十八

昔出公之后声氏为晋公,拘于铜鞮。(《吕氏春秋》卷十八《审应览》)

《高注》云:"出公声氏,韩之先君也;曾为晋公所执于铜鞮。"以十四字作一句读。孙诒让云:"《史记·韩世家》韩先君无出公、声氏,亦无见拘之事,高说殊不足据。孙志祖谓是卫事,亦绝无证验。此当读'昔出公之后声氏为晋公'为句。出公,声氏,皆晋君也。《晋世家》载出公为四卿所攻,奔齐,智伯立昭公曾孙哀公骄。至哀公玄孙静公俱酒二年,韩魏赵共灭晋,静公迁为家人。声氏盖即静公也。《古文苑》刘歆《遂初赋》云:'怜后君之寄寓兮,唁靖公于铜鞮',是静公亡国后实有居铜鞮之事,刘赋与吕书符合,必有所本。高氏不能检勘,望文臆说,其疏甚矣。"树达按孙说是也。

例十九

文公弃荏席,后黴黑,咎犯辞归。(《淮南子》卷十六《说山训》)

《高注》云:"文公弃其卧席之下徽黑者。"王引之云:"高读弃茨席后徽黑为一句,非也。'弃茨席'为句,'后徽黑'为句。谓于茨席则弃之,人之徽黑者则后之也。《韩子·外储说左篇》云:'文公反国;至河,令笾豆捐之,席蓐捐之,手足胼胝面目黧黑者后之。咎犯闻之,再拜而辞。'是其证。"树达按王说是也。

二、不当读而误读

例二十

师役,则掌共其献赐肉脯之事。(《周礼·天官·外饔》)

贾公彦疏云:"掌共其献者,谓献其将帅,并赐酒肉之事并掌之。"是贾以"献"字绝句。王氏应电云:"劳将帅曰献,犒兵众曰赐,献赐皆有肉脯。"按王以则掌以下十字作一句读,是也。贾读非是。

例二十一

子游之徒有庶子祭者,以此若义也。(《礼记·曾子问篇》)

《郑注》读"以此"为一句,"若义也"为一句,注云:"若,顺也。"《疏》云:"谓顺于古义。"王引之《经义述闻》卷十五云:

— 269 —

"'以此若义也'五字当作一句读。以,用也;此若义犹言此义。若亦此也,古人自有复语耳。《荀子·儒效篇》曰:'行一不义杀一无罪而得天下,不为也,此若义信乎人矣。'《管子·山国轨篇》曰:'此若言何谓也?'《地数篇》曰:'此若言可得闻乎?'《轻重丁篇》曰:'此若言曷谓也?'《墨子·当贤篇》曰:'此若言之谓也。'《节葬篇》曰:'以此若三圣者观之。'又曰:'以此若三国者观之。'《史记·苏秦传》曰:'王何不使辩士以此若言说秦?'皆并用此若二字。"树达按王说是也。

例二十二

夫有大功而无贵仕,其人能靖者,与有几?(《左传·僖公二十三年》)

陆德明《经典释文》云:"其人能靖者与,音余,绝句。"是以"有几"二字别为一句,今读皆从之。王引之《经传释词》云:"此言能靖者有几也。与,语助也。与有几三字连读,《释文》失之。《襄二十九年》曰:'是盟也,其与几何?'言其几何也。又《昭十七年》云:'其居火也久矣!其与不然乎?'言其不然乎也。《国语·周语》曰:'余一人其流辟于裔土,何辞之与有!'言何辞之有也。又云:'若壅其口,其与能几何?'言能几何也。又《晋语》云:'诸臣之委室而徒退者,将与几人?'言将几人也。又云:'郤子勇而不知礼,矜其伐而耻国君,其与几何?'言其几何也。又云:'亡人何国之与有!'言何国之有也。又《越语》云：'如寡人者，安与知耻！'言安知耻也。"树达按王说是也。

例二十三

侨闻为国非不能事大，字小之难，无礼以定其位之患。(《左传·昭公十六年》)

《孔疏》引服虔断字小之难以下为义，解云："字，养也；言事大国易，养小国难。"王引之《经义述闻》云："难，亦患也。之，是也。言为国非不能事大字小是患，无礼以定其位是患也。"树达按王说是也。服以"非不能事大"为句，非也。

例二十四

子游为武城宰。子曰："女得人焉耳乎？"曰："有澹台灭明者，行不由径，非公事未尝至于偃之室也。"(《论语·雍也篇》)

武亿云："近读多以有字连下为句。考此宜以有字为读，盖对师问而应曰有也。与《孟子》'不动心有道乎？曰：有。北宫黝之养勇也。'亦以有字句绝，北宫黝属下，语势正同。"树达按武读非也。《孟子》文乃公孙丑以有道与否为问，故孟子首答曰有，不得以例此文。近读六字作一句者，是也。

例二十五

齐国虽褊小，吾何爱一牛？即不忍其觳觫。若无罪而就死地，故以羊易之也。(《孟子·梁惠王上篇》)

旧读以"即不忍其觳觫"六字为句，"若无罪而就死地"为句。树达按如此读，"若"字义不可通。此当以"即不忍其觳觫若无罪而就死地"十三字作一句读。"觳觫若"犹言"觳觫然"也。

例二十六

梁尝有栎阳逮，请蕲狱掾曹咎书抵栎阳，史司马欣以故事皆已。(《汉书》卷三十一《项籍传》)

应劭云："项梁曾坐事传系栎阳狱，从蕲狱掾曹咎取书与司马欣。抵，相归抵也。"树达按此言：梁请曹咎作书与司马欣耳。书是动字，应与抵字连读，"书抵"犹言"书与"也。应云取书，以书为名字，又训抵为归抵，乃于书字句绝。王先谦《补注》从之，于书字下置注，非也。此乃不当读而误读耳。

例二十七

高祖为沛公也，参以中涓从击胡陵方与。(《汉书》卷三十九《曹参传》)

《颜注》于"参以中涓从"注断。树达按《高帝纪》云："秦二年十月,沛公攻胡陵方与。"时参从沛公,故云从击也。《夏侯婴传》云:"高祖为沛公,赐爵七大夫,以婴为太仆,常奉车,从攻胡陵",是其证矣。

例二十八

卿大夫以下吏及宾客见参不事;事来者皆欲有言。至者,参辄饮以醇酒,度之欲有言,复饮酒,醉而后去。(《汉书》卷三十九《曹参传》)

王先谦云:"度之谓揣度之。"树达按王以度之为读,非也。此之字用与其字同。《礼记·檀弓》云:"闻之死。"与此句例正同。度之欲有言,即度其欲有言也。五字当为一句。

例二十九

王恐阴事泄谓,被曰:"事至,吾欲遂发。天下劳苦有闲矣。"(《汉书》卷四十五《伍被传》)

如淳云:"言天下劳苦,人心有闲隙,易动乱。"王先谦云:"有闲即谓有隙可乘。"树达按如王二家皆以"天下劳苦"为句,"有闲矣"别为一句,非也。此七字当连读。天下劳苦有闲,犹言天下劳苦已久也。《史记·五帝纪》云:"书缺有闲矣",《索隐》云:"言古典残缺有年载,故曰有闲。"足以为证。

例三十

国已屈矣,盗贼直须时耳,然而献计者曰"毋动为大"耳。(《汉书》卷四十八《贾谊传》)

颜师古注"毋动"云:"言天下安,不可动摇。"又注"为大耳"引如淳云:"好为大语者。"以"毋动为大耳"作二句读。周寿昌云:"汉文时,尚黄老,以清静为治,故曰'毋动为大',不必截读。"树达按周读是也。

例三十一

上登虎圈,问上林尉禽兽簿,十余问,尉左右视,尽不能对,虎圈啬夫从旁代尉对上所问禽兽簿甚悉。欲以观其能口对响应无穷者。(《汉书》卷五十《张释之传》)

按此文观字当读如观兵之观,乃表襮之意。虎圈啬夫从旁以下凡十七字当作一句读。代对甚悉以表襮其辨才,文乃一贯。今读皆于对字绝句,(王先谦于对字下补注)则"甚悉"属文帝问为言,与下文"欲以观其能口对"云云意不相衔接矣。

例三十二

遂下诏曰:"其为故掖廷令张贺置守冢三十家。"上自处置其里居冢西斗鸡翁舍南,上少时所尝游处也。(《汉书》卷五十九《张

安世传》）

《颜注》于"处置其里"为句。王先谦云："此六字与下'居家西斗鸡翁舍南'八字为一句，谓处置三十家于此地也。颜误读断。"树达按王读是也。

例三十三

太皇太后惩艾悼惧，逆天之咎非圣诬法大乱之殃，诚欲奉承天心，遵明圣制，专壹为后之谊，以安天下之命。（《汉书》卷六十八《金安上传》）

颜于"惩艾悼惧"为读。树达按当连下十二字为一句。

例三十四

今国家素无文帝累年节俭富饶之畜，又无武帝荐延枭俊禽敌之臣，独有一陈汤耳！（《汉书》卷七十《陈汤传》）

颜师古以"荐延"为句。刘攽云："'枭俊禽敌之臣'宜与'荐延'通为一句，则与上文相配；而下言'独有一陈汤耳'自不妨。"树达按刘说是也。

例三十五

上幸鼎湖病久已而，卒起幸甘泉，道不治，上怒曰："纵以我为不行，此道乎？"（《汉书》卷九十《酷吏义纵传》）

师古曰:"已,谓病愈也。言帝久病,既得愈,而忽然即幸甘泉。"是以"已"字为句。树达按"已而"当连读,"已而"犹"既而"也。颜误断。

例三十六

人有告通盗出徼外铸钱,下吏验问,颇有,遂竟按尽没入之。(《汉书》卷九十三《佞幸邓通传》)

师古云:"遂,成也;成其罪状。"是颜以"遂"字一字为一句。刘敞云:"遂字属下句。"武亿说同。今按刘、武说是也。

例三十七

法后王,一制度,隆礼义而杀诗书;其言行已有大法矣,然而明不能齐法教之所不及闻见之所未至,则知不能类也。(《荀子·儒效篇》)

杨惊于"齐"字读断,注云:"虽有大体,其所见之明犹未能齐言行,使无纤芥之差。"俞樾云:"此杨失其读也。齐读为济,然而以下十八字作一句读。言法教所及,闻见所至,则明足以及之,而不能济其法教所未及闻见所未至也。《韩诗外传》正作'明不能济法教之所不及闻见之所未至',无'知不能类'句。"树达按俞说是也。

例三十八

是故生无号,死无谥,实不聚而名不立,施者不德,受者不让,德交归焉,而莫之充忍也。(《淮南子》卷八《本经训》)

《高注》云:"忍,不忍也。"王念孙云:"高氏盖误读'忍也'二字为句。按充忍二字当连读。忍读为牣。《大雅·灵台篇》:'于牣鱼跃',《毛传》:'牣,满也。'德交归焉而莫之充满,所谓大盈若虚也。牣忍同声通用。"树达按王说是也。

例三十九

育而不苗者,吾家之童乌乎,九龄而与我玄文。(《法言》卷五《问神篇》)

宋袁文《甕牖闲评》以"吾家之童"读断,以"乌乎"为句,云:"子云叹其子童蒙而早亡,故曰'乌乎',即'呜呼'字。"宋姚宽《西溪丛话》云:"有一老先生读《法言》,谓'吾家之童'为一句,'乌'连'乎'字作一句读,谓叹声也。仆观郑固碑曰:'大男有杨乌之才,年七岁而夭。'苏倾赋:'童乌何寿之不将。'是时去子云未远,所举为不谬。于是知'童乌'为子云之子小名。"张澍《蜀典》卷二云:"《文士传》汉桓骥答客诗曰:'伊彼杨乌,命世称贤。'客示桓骥诗亦云:'杨乌九龄。'此岂作叹词解乎!"树达按《御览》三百八十五引刘向《别录》云:"杨信,字子乌,雄第二子。"乌为雄子之字,毫无可疑。姚、张说是,袁读非也。

三、当属上读而误属下

例四十

用康乃心,顾乃德,远乃猷裕,乃以民宁,不女瑕殄。(《书·康诰》)

旧以"远乃猷"为句,"裕乃以民宁"为句。王引之《经义述闻》卷四云:"此当以'远乃猷裕'为句。《方言》曰:'裕,猷,道也。东齐曰裕,或曰猷。'远乃猷裕即远乃道也。《君奭》曰:'告君乃猷裕',与此同。乃以民宁不女瑕殄,犹云'乃以殷民世享'耳。《传》断'裕乃以民宁'为句,则不辞矣。猷由古字通,道谓之猷裕,道民亦谓之猷裕,上文曰:'乃由裕民,惟文王之敬忌','乃裕民,曰我惟有及',皆是也。"树达按王说是也。

例四十一

彼徂矣岐,有夷之行。(《诗·周颂·天作篇》)

《韩诗外传卷一》及《说苑·君道篇》皆引《诗》"岐有夷之行",以"岐"属下读。《薛君传》云:"彼百姓归文王者,皆曰:'岐有易道，可往归矣。'"薛君本治《韩诗》，故与《外传》读同。《后汉书·西南夷传》引《诗》"彼徂者岐"，则以岐字上属，近读皆从之。武亿云："以经文例之，上既云'彼作矣'，则此'彼徂矣'断句，与经文合。"树达按《后汉书》近读以"岐"字属上读者是也。"彼徂矣岐"，徂读为阻，谓彼险阻之岐山也。此《诗》文言太王开荒，文王继续，故险阻之岐山，今有平易之道路，若以"彼徂矣"为句，文不可通矣。武氏以"彼作矣"为例，但"彼作矣"之彼指太王，若以"彼徂矣"为句，彼字何所指乎？此章《诗》余有说，详见《积微居小学述林》二二五叶《〈诗·周颂·天作篇〉释》。

例四十二

春秋以木铎修火禁。凡邦之事跸，宫中、庙中则执烛。（《周礼·天官·宫正》）

《注》云："郑司农读火绝之，云：禁凡邦之事跸。"《贾疏》云："先郑读火绝之，则火字向上为句也。其禁自与'凡邦之事跸'共为一句。宫正既不掌跸事，若如先郑所读，则似宫正为王跸，非也。"武亿云："贾氏说是。《秋官·司烜》'中春以木铎修火禁于国中'，此即火禁连文之征。若亦从修火绝句，过为凿说矣。"树达按武说是也。

例四十三

工尹商阳与陈弃疾追吴师,及之。陈弃疾谓工尹商阳曰:"王事也,子手弓,而可手弓。"子射诸!射之,毙一人,韔弓。又及,谓之,又毙二人。(《礼记·檀弓下篇》)

《孔疏》云:"子是手弓之人,谓是能弓之手。而可为弓者,谓其堪可称此能弓之手。"是以"子手弓"为一句,"而可手弓"又为一句。陈氏《集说》云:"子手弓而可为句,使之手弓也。手弓,商阳之弓在手也。"是以"而可"二字属上读。今按属上读者是也。

例四十四

岁旱,穆公召县子而问然,曰:"天久不雨,吾欲暴尫,而奚若?"曰:"天久不雨,而暴人之疾子,虐。毋乃不可与?"(《礼记·檀弓下篇》)

陆氏《释文》云:"暴人之疾子,一读以子字向下。"树达按子字属上者是也,一读非。

例四十五

治世之音,安以乐其政和。(《礼记·乐记篇》)

《释文》云:"治世之音绝句,安以乐音洛,绝句。雷读上至安绝句，乐音岳，以乐二字为句。崔读上句依雷，下以乐其政和总为一句。"树达按陆氏读是，雷、崔读皆误。

例四十六

子张问政。子曰："师乎前，吾语女乎！君子明于礼乐，举而错之而已。"(《礼记·仲尼燕居篇》)

陈澔《礼记集说》云："前吾语汝，谓昔者已尝告汝。"是以"前"字属下读。武亿云："据《战国策》'王曰：蜀前！蜀亦曰：王前！'则'师乎前'属读，犹言尔来前也。"树达按武说是也。

例四十七

儒有内称不辟亲，外举不避怨，程功积事，推贤而进达之，不望其报，君得其志，苟利国家，不求富贵，其举贤援能有如此者。(《礼记·儒行篇》)

《释文》云："'推贤而进达之'，旧至此绝句。皇以'达之'连下为句。"树达按陈氏《集说》从旧读，是也。皇读非。

例四十八

且列国有凶称孤，礼也。言惧而名礼，其庶乎。(《左传·庄公十一年》)

《释文》云:"'言惧而名礼'绝句。或以'名'绝句者,非。"树达按《释文》说是也。

例四十九

及曹,曹共公闻其骈胁,欲观其裸。浴,薄而观之。(《左传·僖公二十三年》)

《释文》云:"'曹共公闻其骈胁'绝句,'欲观'绝句,一读至'裸'字绝句。"武亿云:"孔晁云:'闻公子胁干是一骨,故欲观之',此以'闻其骈胁欲观'为一句之证。然考《外传》《晋语》:'重耳过曹,闻其骈胁。'《淮南·人间训》:'曹君欲见其骈胁。'《吕氏春秋·上德篇》:'曹共公视其骈胁。'并以骈胁绝句。从陆氏前一读为正。"树达按武证骈胁当为读,是矣,而从陆前读,以"欲观"为一句,则非也。曹君之所欲观,固在骈胁,然非重耳裸,则骈胁不可得观,故传云欲观其裸耳。据文势"其裸"二字应属上,陆所举一读是,前读非也。

例五十

下臣获考死,又何求?(《左传·宣公十五年》)

杜注以考字为读,云:"考,成也。"近读依之。武亿云:"此宜以'下臣获考死'为句,如《书·洪范》所云考终命者。'又何求'另读,义为近之。"今按武说是。

例五十一

郑成公疾,子驷请息肩于晋。公曰:"楚君以郑故,亲集矢于其目,非异人任,寡人也。若背之,是弃力与言,其谁暱我?"(《左传·襄公二年》)

武亿云:"此凡两读:一读至'故'字句绝,一读至'郑'字句绝,'故'字属下读。"树达按于"故"字句绝者是。

例五十二

小邾穆公来朝。季武子欲卑之,穆叔曰:"不可。曹、滕、二邾,实不忘我好。敬以逆之犹惧其贰。又卑一睦,焉逆群好也?其如旧而加敬焉!"志曰:"能敬无灾。"又曰:"敬逆来者,天所福也。"(《左传·昭公三年》)

《释文》云:"'实不忘我好'绝句。一读以'好'字向下。"树达按前读以'好'字绝句者是也。"敬以逆之",与下文"敬逆来者"相应。

例五十三

王使由于城麇复命,子西问高厚焉弗知。子西曰:"不能,如辞。城不知高厚小大,何知?"对曰:"固辞不能,子使余也。"(《左传·定公五年》)

《孔疏》云:"王肃断'小大何知'为句,注云:'如是,小大何所知也'。张奂《古今人论》云:'子西问城之高厚小大而弗知也。子西怒曰:不能则如辞。城之而不知,又何知乎!'张奂引传为文,以'大小'上属。杜虽无注,盖与张同。"树达按张读为是。

例五十四

苟息曰请以屈产之乘,与垂棘之白璧往,必可得也。(《公羊传·僖公二年》)

武亿云:"旧读从'璧'字绝句。考此当以'往'字上属为句,必可得也又为一读。据传下文请终以往,又于是终以往,从往字属句,知此亦当依往字读为正。"树达按往字下属,则句无动字,武以往字属上读,是也。

例五十五

季康子问:"使民敬忠以劝,如之何?"子曰:"临之以庄则敬,孝慈则忠,举善而教不能,则劝。"(《论语·为政篇》)

《三国志·徐邈传》云:"举善而教,仲尼所美。"钱氏大昕《考异》云:"魏晋人引《论语》,多于教字断句。如《仓慈传注》'举善而教,恕以待人';《顾邵传》'举善以教,风化大行';《陆绩传》'臣闻唐虞之政,举善而教';《晋书·卫瓘传》'圣主崇贤,举善而教';皆是也。考应劭《风俗通》载汝南太守欧阳歙下教云:

'盖举善以教，则不能者劝'，则汉时经师句读已然矣。"树达按康子问使民劝，非限于不能者也。今读以"不能"上属者是，古读以"教"字断句者非。

例五十六

唐棣之华，偏其反而，岂不尔思，室是远而。子曰："未之思也夫，何远之有？"（《论语·子罕篇》）

近读以未之思也绝句。《释文》云："一读以夫字属上句。"武亿云："此以夫字属上句者为胜。古人释《诗》之词，多以'夫'字属句末。《左传·僖二十四年》：'《诗》曰：彼己之子，不称其服。子臧之服，不称也夫。"《宣十二年》：'《诗》曰：乱离瘼矣，爰其适归，归于怙乱者也夫！'《成八年》：'《诗》曰：恺悌君子，遐不作人，求善也夫！'《襄二十四年》：'《诗》云：乐只君子，邦家之基，有德也夫！上帝临女，无贰尔心，有令名也夫！'《中庸》：'《诗》曰：神之格思，不可度思，矧可射思！夫微之显，诚之不可掩如此夫！'"今按武说是也。

例五十七

且以文王之德，百年而后崩，犹未洽于天下。武王、周公继之，然后大行今，言王若易然，则文王不足法与？（《孟子·公孙丑上篇》）

武亿云："旧读从'然'字绝句。考此读以'易'字绝句，'然'字属下句，如'今曰性善，然则彼皆非与'之文，义亦得通。"

树达按武说非也。凡表拟似之词，若字下必有然字。即以《孟子》本书为证，则"无若宋人然！""木若以美然！""予岂若是小丈夫然哉！"皆其例也。《礼记·杂记篇》云："其待之也，若待诸侯然。"《汉书·贾谊传》云："其视杀人，若艾草菅然。"并是。知此文当于然字断句也。

例五十八

且许子何不为陶冶，舍，皆取诸其宫中而用之？何为纷纷然与百工交易？何许子之不惮烦？（《孟子·滕文公上篇》）

旧皆以"舍皆"连读。赵岐注云："舍，止也。止不肯皆自取之其宫宅中而用之，何为反与百工交易，纷纷而为之烦也？"树达按赵释"舍"为"舍我其谁"之舍，与上下文文气皆不贯。今案"舍"当属上读。《说文·二篇上八部》云："余，语之舒也。从八，舍省声。"《左传》云："小白余！敢贪天子之命无下拜！"《孟子》以"舍"为语之舒，犹之《左传》以"余"为语之舒也。

例五十九

汤始征，自葛载，十一征而无敌于天下。（《孟子·滕文公下篇》）

近读"自葛载"为句。赵岐注云："载，一说当作再字。再十一征，凡征二十二国也。"是以载字属下读。《文选》谢元晖《辞随王笺》注引《孟子》曰："汤始征自葛"，亦以"葛"

字绝句。武亿云:"以《孟子》证之,《齐人·伐燕章》引《书》作'自葛始',则此载字属句,不可易也。"按武说是也。

例六十

山径之蹊间介然,用之而成路。(《孟子·尽心下篇》)

《赵注》云:"山径,山之岭。有微蹊介然,人遂用之不止,则蹊成为路。"是以"介然"属上为句。朱子《集注》云:"介然,倏然之顷也。"以"间"字绝句,"介然"连下读。树达按介然训倏然,古无此训。据文义,赵读是。《四书辨疑》云:经文当以"山径之蹊间介然"为句,是也。又按《汉书·卷六十杜钦传》云:"心不介然有间",用《孟子》文,亦以"介然"属上读。

例六十一

鹠鹠,老鴼鸦。(《尔雅·释鸟》)

《疏》引舍人李巡、孙炎、郭氏皆断"老"上属,"鴼"下属,皆云:"鹠一名鹠老,鴼一名鸦。鸦,雀也。"唯樊光断"鹠鹠"为句,以"老"下属,《注》云:"《春秋》云:'九鴼为九农正。九鴼者,春鴼,夏鴼,秋鴼,冬鴼,棘鴼,行鴼,宵鴼,桑鴼,老鴼。'"是以老下属,惟鸦不重耳。武亿云:"许氏《说文》载九鴼,亦云:'老鴼,鸦也。'同《左氏传》。从樊光读为正。"按武说是也。

例六十二

黥布者，六人也，姓英氏。秦时为布衣。少年，有客相之曰："当刑而王及壮，坐法黥布。"欣然笑曰："人相我当刑而王，几是乎？"（《史记》卷九十一《黥布传》）

吴汝纶《史记读本》以"坐法"为句，非也。此当以"坐法黥"三字为句。传首已举黥布，传中但当称布，不合复称黥布也。

例六十三

祠黄帝，祭蚩尤于沛廷，而衅鼓，旗帜皆赤。（《汉书》卷一《高帝纪》）

《颜注》于"衅鼓"句绝。吴仁杰云："案《封禅书》：'祠蚩尤，衅鼓旗。''旗'字当属上句读之。"树达按《高纪赞》云："断蛇著符，旗帜上赤。"班似以"旗帜"连读。然《吕氏春秋·慎大篇》云："衅鼓旗甲兵。"本书《郊祀志》亦云："徇沛，为沛公，则祀蚩尤，衅鼓旗。"则此文以从吴氏读为是。

例六十四

二年春正月大将军光、左将军桀皆以前捕反虏重合侯马通功封，光为博陆侯，桀为安阳侯。（《汉书》卷七《昭帝纪》）

王先谦《补注》于"功"字断句，非也。此文当于"封"

字断句,封谓见封也。《王商传》云:"商父武,武兄无故,皆以宣帝舅封。无故为平昌侯,武为乐昌侯。"《史丹传》云:"曾玄皆以外属旧恩封。曾为将陵侯,玄,平台侯。"句例并与此同。《霍光传》云"遗诏封金日䃅为秺侯,上官桀为安阳侯,光为博陆侯,皆以前捕反者功封",尤其明证。若如王读,文不可通矣。

例六十五

羽繇是始为诸侯上将军,兵皆属焉。(《汉书》卷三十一《项籍传》)

《颜注》于"上"字注断。刘敞云:"'将军'字联'上'为句。"王先谦云:"《史记》云:始为诸侯上将军,诸侯皆属焉。"树达按刘读是也。

例六十六

还,以将军将太上皇卫一岁七月。以右丞相击陈狶。(《汉书》卷四十一《郦商传》)

王先谦云:"《高纪》:十年九月,狶反。十一年冬,攻降东垣。此十月即十一月冬,《史记》作七月,误。"树达按王说误也。此传叙商战功,上下文皆无年月,此条不应独异。十月当属上读,谓将太上皇卫凡一岁十月也。上文"从击项羽二岁",《史记》二岁下有"三月"二字,文例正同。

例六十七

躬掎禄曰臣为国家计几先,谋将然,豫图未形,为万世虑。(《汉书》卷四十五《息夫躬传》)

张晏云:"几音冀。"颜师古云:"先谋将然者,谓彼欲有其事,则为谋策以坏之。"以"先谋将然"为句。王先谦云:"几如字读,几先,谓几之先见也。躬言为国家计于几先,谋于将然也。张、颜句读未明,因而误解。"树达按王读是也。

例六十八

胡人入驱而能止其所驱者,以其半予之县官为赎其民。如是,则邑里相救助,赴胡不避死。(《汉书》卷四十九《晁错传》)

颜注以"县官为赎"为句。刘奉世云:"'其民'当属上句。"树达按刘说是也。

例六十九

合己者善待之,不合者弗能忍见,士亦以此不附焉。(《汉书》卷五十《汲黯传》)

王先谦曰:"所见之士不亲附也。"树达按"见"字当上属为句。《汉书·陈遵传》云:"恶不可忍闻。"《后汉书·郅郓传》云:"吾不能忍见子有不容君之危。"又《方术传》云:"其父母悲号怨痛，不可忍闻。"句例并与此同。王氏误读。

例七十

后陵复至北海上，语武区脱捕得云中生口，言太守以下吏民皆白服，曰："上崩。"武闻之，南乡号哭；欧血，旦夕临。数月，昭帝即位。数年，匈奴与汉和亲。汉求武等。（《汉书》卷五十四《苏武传》）

颜于"旦夕临"断句，云："临，哭也。"刘敞云："'数月'字当属上句。"树达按刘读是也。

例七十一

彭祖又小与上同席研书，指欲封之。（《汉书》卷五十九《张汤传》）

王先谦云："书指欲封之，言诏书意欲封之。"树达按"书"字当属上读。《佞幸传》云："彭祖少与帝微时同席研书"，是其证也。王氏误读。

例七十二

死不得取代庸，身自逝。（《汉书》卷六十三《武五子传》）

师古曰："言死当自去，不如他徭役得顾庸自代也。"王念孙云："代字句绝，庸、用古字通。《苍颉篇》：用，以也。言死不得取代，当以身自往也。如颜说，则当以'死不得取代庸'

为句,大为不词矣。"树达按《方言》云:"庸,次,比,侹,更,佚,代也。"代庸同义,故汉人往往连用。《盐铁论·禁耕篇》云:"责取庸代。"此云"取代庸",犹彼云"取庸代"也。《韩非子·外储说左上》云:"取庸作者进美羹。"《淮南子·缪称训》云:"取庸而强饭之,莫之爱也。"《汉书·景帝纪》云:"吏发民若取庸采黄金珠玉者,坐臧为盗。"《周勃传》云:"取庸,苦之,不与钱。"《后汉书·光武纪》云:"吏人死亡或在坏垣毁屋之下,而家羸弱不能收拾者,其以见钱谷取庸,为寻求之。"又知取庸为古人恒语,颜读为长。惟代庸乃同义连语,颜释为取庸自代,分二字释之,亦未合耳。

例七十三

于是董君贵宠天下,莫不闻,郡国狗马蹴鞠剑客辐凑董氏。常从游戏北宫,驰逐平乐,观鸡鞠之会,角狗马之足,上大欢乐之。(《汉书》卷六十五《东方朔传》)

师古于"辐凑"句绝。刘敞云:"'董氏'当上属为句。"按刘说是也。

例七十四

又诈为诏书,以奸传朱安世狱。已正于理。(《汉书》卷六十六《刘屈氂传》)

颜师古于"朱安世"句断。刘敞云:"'狱'合属上句。"

树达按刘说是也。

例七十五

元帝于是以房为魏郡太守,秩八百石居。得以考功法治郡。(《汉书》卷七十五《京房传》)

> 王先谦《补注》于"八百石"为句,非也。此当以"秩八百石居"为句。《黄霸传》云:"有诏归颍川太守官,以八百石居。"《西南夷传》云:"复以立为巴郡太守,秩中二千石居。"句例并同,王氏误读。

例七十六

迺搜逑索耦皋伊之徒,冠伦魁能。函甘棠之惠,挟东征之意。(《汉书》卷八十七《扬雄传上》)

> 颜师古云:"言选择贤臣可匹耦于古贤皋陶伊尹之类,冠等伦而魁杰。"以"冠伦魁"为句。刘攽云:"'能'属上句。"齐召南云:"《文选》以'冠伦魁能'为句,刘攽说是也。颜以'能'字下连'函甘棠之惠',甚属牵强。"树达按刘、齐说是也。

例七十七

郡国县官有好文学,敬长上,肃政教,顺乡里,出入不悖所闻。令相长丞上属所二千石。(《汉书》卷八十八《儒林传》)

师古云:"闻,谓闻其部属有此人也。"刘敞云:"'所闻'当属上句读之。"何焯云:"《史记》'闻'下有一'者'字,自当属上'出入不悖'为句。"树达按刘、何说是也。

例七十八

公卿相造请禹,禹终不行报谢,务在绝知友宾客之请。(《汉书》卷九十《赵禹传》)

《颜注》于"禹终不行"下注断,下又别释"报谢"云:"以此意告报公卿。"刘敞云:"'报谢'当属上句,言公卿造请禹而禹终不诣。"朱一新云:"《史记》无'行'字,更可证。"树达按刘、朱说是也,颜误读。

例七十九

田畜人争取贱贾,任氏独取贵善。富者数世。(《汉书》卷九十一《货殖传》)

颜注以"任氏独取贵"为句,注云:"言其居买之物不计贵贱,唯在良美也。贾读曰价。"又于"善富者数世"注云:"折节力田,务于本业,先公后私,率道闾里,故云善富。"王念孙云:"此当以'任氏独取贵善'为句,'富者数世'为句。"树达按王读是也。惟《颜注》已云"不计贵贱,惟在良美",似本以"贵善"为句;而下注又自相违异,殊为难解。疑上句注袭用前人之说,非出自师古耳。

例八十

夫诗书礼乐之分，固非庸人之所知也。故曰："一之而可再也，有之而可久也，广之而可通也，虑之而可安也，反铅察之而俞可好也，以治情则利，以为名则荣，以群则和，以独则足乐，意者其是邪。"（《荀子·荣辱篇》）

《杨倞注》以"以独则足"为句，"乐"字下属。王念孙云："此当读'以独则足乐'为句，言独居而说《礼》《乐》，敦《诗》《书》，则致足乐也。以群则和，以独则足乐，乐与和义正相承，则'乐'字上属明矣。"王先谦《集解》云："以群则和，以独则足，句法一律。'足'下加'乐'字，反为赘设，仍当从杨读。"陶鸿庆云："'和'字下夺一'一'字。以群则和一，以独则足乐，相对为文。下文云：'是夫群居和一之道也。'《礼论篇》云：'人所以群居和一之理尽矣。'并其证。"树达按'乐意'不词，王念孙及陶说是也。

例八十一

无置锥之地，而王公不能与之争名，在一大夫之位，则一君不能独畜，一国不能独容，成名况乎诸侯，莫不愿以为臣，是圣人之不得执者也。（《荀子·非十二子篇》）

《杨倞注》以"成名况乎"为读，"诸侯莫不愿以为臣"为句。又载或说，以"成名"为读，"况乎诸侯莫不愿以为臣"为句。

俞樾云:"杨二读文不成义,皆非也。此当以'成名况乎诸侯'为句。'成'与盛通,'成名'犹'盛名'也,况者,赐也。言以盛名为诸侯赐也。"孙诒让云:"俞说是也。而释况为赐,则非也。况与皇通。《诗·周颂·烈文毛传》云:'皇,美也。'《大戴礼·小辩篇》云:'治政之乐,皇于四海。'此云'况乎诸侯,'与彼'皇于四海'义正同。"树达按俞读孙说是也。

例八十二

食饮则重大牢而备珍怪,期臭味,曼而馈,伐皋而食,雍而彻乎五祀,执荐者百人,侍西房。(《荀子·正论篇》)

杨注于"《雍》而彻乎"注断,云:"《雍》诗,《周颂》乐章名。奏《雍》而彻馔。《论语》曰:'三家者以《雍》彻。'"刘台拱云:"此当以'《雍》而彻乎五祀'为句。彻乎五祀,谓彻于灶也。《周礼·膳夫职》云:'王卒食,以乐彻于造。'《淮南·主术训》云:'奏《雍》而彻,已饭而祭灶。'盖彻馔而设之于灶,若祭然,天子之礼也。造、灶古字通用。《大祝》六祈,二曰造,故书造作灶。专言之则曰灶,连言之则曰五祀,若谓丞相为三公,左冯翊为三辅也。杨氏失其句读。"树达按刘说是也。

例八十三

持老养衰,犹有善于是者与不?老者休也,休犹有安乐恬愉如是者乎?(《荀子·正论篇》)

《杨倞注》云:"不老,老也。犹言:不显,显也。或曰:'不'字衍耳。"王绍兰云:"杨失其读。此文'不'字当属上读。'不'即'否'字,问词也。犹有善于是者与不,问其有善于是者与无有善于是者,其意谓无有善于是者耳。'老者休也'自为一句。上文云:'老者,不堪其劳而休也',即其证。不得以'不老老也'为解明矣。"树达按王说是也。

例八十四

地大则有常祥、不庭、岐母、群抵、天翟、不周,山大则有虎豹熊螇蛆。(《吕氏春秋》卷十三《有始览·谕大篇》)

《高诱注》云:"常祥,不庭,群抵,岐母,天翟,皆兽名也。"以"不周"下属。孙诒让云:"常祥以下六者皆山名。高唯以不周为山,又以'不周'属下'山大'为句,并非也。《山海经·大荒西经》云:'有山名常阳之山。'又云:'有偏句、常羊之山',即此常祥也。《大荒南经》云:'大荒之中,有不庭之山。'《大荒东经》云:'大荒东南隅有山名皮母、地丘';又云:'有山曰孽摇、頵羝',即此岐母、群抵也。不周亦见《大荒西经》。是吕书悉本彼经。惟天翟未见,疑即《大荒西经》所云天穆之野高二千仞者。穆与缪通,故或作天缪,右半从翏,与翟相似,因而致误耳。"树达按孙说是也。

四、当属下读而误属上

例八十五

天降割于我家,不少延。洪惟我幼冲人,嗣无疆大历服。(《书·大诰篇》)

《释文》云:"马读'弗少延'为句。"《正义》云:"郑、王皆以'延'上属为句,言害不少,乃延长也。"《伪孔传》云,"周道不至,故天下凶害于我家不少,凶害延大,惟累我幼童人。"是《伪孔》以"延洪"连读。武亿云:"据《多方》'洪惟图天之命',经文多以'洪惟'属句首,则'延'字宜绝句,从马、郑诸读为正。"树达按武说是,《伪孔》以"洪"字上属者,非也。

例八十六

王享国百年,耄,荒度作刑。(《书·吕刑篇》)

《伪孔传》以耄荒为句,《蔡传》从之。苏氏轼云:"荒,大也。大度作刑,犹禹曰:'予荒度土功。'荒当属下句。"朱子云:"东坡解《吕刑》'王享国百年耄'作一句,'荒度作刑'作一句,甚有理。"树达按东坡及朱子皆以荒字属下读,是也。惟"王享国百年"五字为句,"耄"一字为句,"荒度作刑"为句。朱子谓"王享国百年耄"作一句,仍非。

例八十七

盘庚五迁,将治亳,殷民咨胥怨。(《书·序》)

《伪孔传》于"殷"字绝句,《蔡传》从之。今按《史记·夏本纪》云:"殷民咨胥皆怨,不欲走。"又云:"乃遂涉河,南治亳。"是以"治亳"为句,以"殷"字属下。《史记》读是也。

例八十八

季秋之月,合诸侯,制百县,为来岁受朔日。(《礼记·月令篇》)

《郑注》云:"合诸侯制者,定其国家宫室车旗衣服礼仪也。"《吕氏春秋·季秋纪注》云:"合会诸侯之制度车服之级,各如其命数。"是皆以"制"字上属为句。《陈氏集说》引石梁王氏云:"'合诸侯制'绝句,不可从。"吴氏澄云:"'合诸侯'是一句,'制百县'是一句,旧注非也。"今按王、吴读是也。

例八十九

僖负羁之妻曰:"吾观晋公子之从者,皆足以相国。若以相,夫子必反其国。"(《左传·僖公二十三年》)

《杜预注》云:"若遂以为傅相",是于"相"字绝句。陆氏云:"当读至'夫子'为句,夫子即公子。"顾氏《杜解补正》云:"玩文势仍当从杜以'相'句绝。"树达按顾说从旧读,是也。

例九十

葬僖公缓作主,非礼也。凡君薨,卒哭而祔。祔而作主。(《左传·僖公三十三年》)

《杜注》以"葬僖公缓"为句。刘敞云:"当以'缓作主'为一句。此传《经》书文二年二月丁丑作僖公主。下文:'卒哭而祔,祔而作主。'今僖公以文元年四月葬,二年二月始作主,过祔之期。"树达按《汉书·五行志》云:"釐公薨十六月乃作主。"是传讥作主之缓,非谓葬缓,刘说是也。

例九十一

赵宣子曰:"随会在秦,贾季在狄,难日至矣,若之何?"中行桓子曰:"请复贾季,能外事,且由旧勋。"郤成子曰:"贾季乱,且罪大,不如随会,能贱而有耻,柔而不犯,其知足使也,且无罪。"(《左传·文公十三年》)

《正义》引服虔云:"谓能处贱,且又知耻。"是服虔以"能"字属下读。邵氏云:"'能'字句绝,如《孟子》'能者在职'之能。"以"能"字属上读。顾炎武云:"'能'字仍当属下句。'能贱',犹云为贱当可使复贱也。"武亿云:"上文'请复贾季,能外事。'《疏》云:'能知外竟之事。'两能字并相比,从《正义》读为是。"树达按顾、武从《正义》读是也。惟顾释能贱为可使复贱,义仍非是。盖能、耐古字通,能当读为耐,谓随会能安于贱也。

例九十二

公出,自其厩射而杀之。(《左传·宣公十年》)

旧读于"公出"为句,"自其厩射而杀之"为句。武氏引朱少白云:"《史记正义》引以'出自其厩'为句。盖徵舒伏弩于厩中,知公微行必由之处,灵公果自厩出,触弩而自杀耳。"树达按传文明云射而杀之,不云触弩,朱说凿空无据,仍当从旧读以"自其厩"下属为是。

例九十三

公疾病。求医于秦,秦伯使医缓为之。未至,公梦疾为二竖子,曰:"彼良医也,惧伤我,焉逃之?"其一曰:"居肓之上,膏之下,若我何?"(《左传·成公十年》)

《释文》云:"惧伤我绝句。焉,徐于虔反。一读如字,属上句。逃之绝句。"树达按我字绝句者是也。焉逃之者,一竖子问逃于何处也。居肓之上云云,他一竖子答其问也。前读是。

例九十四

齐侯归,遇杞梁之妻于郊,使吊之。辞曰:"殖之有罪,何辱命焉!若免于罪,犹有先人之敝庐在,下妾不得与郊吊!齐侯吊诸其室。"(《左传·襄公二十三年》)

《杜注》云:"下犹贱也。"以"下妾"连读。《正义》云:"服虔以下从上读,言'敝庐在下'。"树达按《左传·成公二年》云:"下臣不幸,属当戎行。"此传女子之自称"下妾",犹男子之自称"下臣"也。杜读是,服读下字属上者非。又按《礼记·檀弓下篇》记此事云:"君之臣免于罪,则有先人之敝庐在,君无所辱命。"当以在字断句明矣。《传疏》云:"《礼记》无下,知下犹贱,谦言贱妾也。"

例九十五

齐侯将为臧纥田。臧孙闻之见,齐侯与之言伐晋,对曰:"多则多矣!抑君似鼠。夫鼠昼伏夜动,不穴于寝庙,畏人故也。今君闻晋之乱而后作焉。宁将事之,非鼠如何?"乃弗与田。(《左传·襄公二十三年》)

《释文》云:"齐侯"绝句。一读以"见"字绝句,"齐侯"向下读。《杜注》云:"齐侯自道伐晋之功。"是杜以"齐侯"向下读。树达按"齐侯"属下读者是也。若以"见齐侯"连读,则"与之言伐晋"事属臧孙,文不可通矣。

例九十六

晋侯济自泮,会于夷仪,伐齐,以报朝歌之役。齐人以庄公说,使隰钼请成。庆封如师,男女以班。赂晋侯以宗器、乐器。自六正、五吏、三十帅、三军之大夫、百官之正、长师旅及处守者,皆有赂。

(《左传·襄公二十五年》)

《正义》云:"刘炫云:哀元年'蔡人男女以辨',与此同。杜意男女分别,将以赂晋也。炫谓男女分别,示晋以恐惧服罪,非以为赂也。"又下文"处守者皆有赂",《正义》云:"杜以上句'男女以班'与'赂'连文,故云皆以男女为赂。刘炫以为男女以班示降服于晋,有赂者,皆以货财赂之,非以男女为赂。"据《正义》则杜于"赂"句绝,刘炫以"赂"属下读。武亿云:"如杜读,则'晋侯以宗器乐器'义无所属。又传文'自六正五吏三十帅三军之大夫百官之正长师旅及处守者皆有赂'明为赂晋侯以所重,余皆遍及。故自'赂晋侯'以下至'皆有赂',语势连贯。而杜氏解'处守者'句,犹谓皆以男女为赂,其曲为穿凿,不可训也,从刘读为正。又:'郑公孙夏帅师伐陈,陈侯使司马桓子赂以宗器。'又云:'使其众男女别而累以待于朝。'案此'男女别'即与'男女以班'同,'赂以宗器'亦与'赂晋侯以宗器乐器'同。盖古战败而复求存,礼率如是。益征'赂'字不与'男女以班'为读。"树达按武说是也。

例九十七

且吾因宋以守病,则夫能致死。与宋致死虽倍楚可也。(《左传·襄公二十七年》)

《杜注》置"病"字下,云:"言为楚所病,则欲入宋城。"以"因宋以守病"为句。顾氏《左传杜解补正》引邵氏云:"入于宋,则因宋以守也。病,谓楚攻而病也。夫犹言人人也。言人人能致死,与人同力,故可以倍楚。"树达按邵说是也。

例九十八

故薳氏之族及薳居、许围、蔡洧、蔓成然,皆王所不礼也。因群丧职之族,启越大夫常寿过作乱,围固城,克息舟,城而居之。(《左传·昭公十三年》)

旧读以"克息舟城"连读为句。《正义》卷四十六云:"围固城,城之固者;克息舟,息舟即是其一也。以围时有所毁,故更城而居之。"顾氏《杜解补正》云:"窃意固城息舟乃二城之名。《传》书克邑,未有书克某邑之城者。固城息舟皆二字地名。'城而居之'别为一句,言筑城而守之也。"树达按孔、顾以城字属下读是也。

例九十九

公欲出,厨人濮曰:"吾小人,可藉死而不能送亡,君请待之。"(《左传·昭公二十一年》)

按此凡两读。《正义》引服虔以"君"上属,读至"送亡君"为句。《释文》同。《正义》又言孙毓以"君"下属,读于"亡"字句绝,顾氏《杜解补正》同。树达按"藉死""送亡"相对为文,君字下属者是也。

例一百

若无天乎？云若有天，吾必胜之。(《国语·晋语》)

武亿云："注盖以'云'字属上'乎'字读，愚谓'乎'字句绝，'云'属下'若有天'为句。"今按武说是也。

例百〇一

子贡问政。子曰："足食，足兵，民信之矣。"子贡曰："必不得已而去，于斯三者何先？"曰："去兵。"(《论语·颜渊篇》)

旧读于"而去"句绝。《释文》云："一读'而去于斯'为绝句。"武亿云："子贡所问有美玉于斯，即如此例。"树达按旧读是也。"有美玉于斯"之"于斯"，乃"在此"之义，与此句文义不同，不得以为例证。武说非是。

例百〇二

孟子曰："伯夷辟纣，居北海之滨，闻文王作，兴曰：'盍归乎来？吾闻西伯善养老者。'太公辟纣，居东海之滨，闻文王作，兴曰：'盍归乎来？吾闻西伯善养老者。'"(《孟子·离娄上篇》)

通读于"作"字绝句，"兴"字下属。赵注云："闻文王起兴王道"，是不以"兴"字下属。《疏》云："闻文王兴起，乃曰：盍归乎来。"申《注》说也。汉王逸注《离骚》云："太公

— 305 —

避纣,居东海之滨,闻文王作兴,盍往归之。"魏徐干《中论·亡国篇》云:"昔伊尹在田亩之中,闻成汤作兴,而自夏如商。太公避纣之恶,居于东海之滨,闻文王作兴,亦自商如周。"《毛诗·酌篇》正义云:"孟子说伯夷居北海之滨,太公居东海之滨,闻文王作兴而归之。"(此例尚可以兴而归之为句。)范浚《香溪集·圣人百世之师论》云:"伯夷虽清,而闻文王作兴,则曰盍归乎来。"以上诸例皆以"作兴"连读。故毛奇龄《四书賸言》、孙志祖《读书脞录》据之,皆以此读为正。武亿亦云:"《子华子·北宫子仕篇》:'王者作兴,将以涤濯。'用此'作兴'二字。《子华子》虽似后人拟托,然犹唐以前书,亦可备一证也。"树达按"兴"字当如通读属下,毛、孙、武诸家之说非也。《孟子》云:"若夫豪杰之士,虽无文王犹兴。"以"兴"字属臣言,不属君言也。以汉魏唐宋诸儒之说证《孟子》,何如以《孟子》本书之文证《孟子》乎!(《易·系辞》云:"神农氏作。"亦作字当读断之证。)

例百○三

或曰:"禹荐益,已而以启人为吏。及老而以启为不足任乎天下,传之于益。已而启与交党攻益,夺之。天下谓禹名传天下于益,已而实令启自取之。"(《史记》卷三十四《燕世家》)

《索隐》云:"以'已'配益,则'益已'是伯益。而经传无其文,未知所由。或曰:已,语终辞。"武亿云:"《索隐》

— 306 —

属句误也。当从'禹荐益'为读,'已而'属下,于义自明。纷纷纠结,斯失解矣。"树达按武说是也。《史记》此文出《韩非子·外储说右下篇》。彼文云:"禹爱益而任天下于益,已而以启人为吏,及老而以启为不足任天下,故传天下于益,而势重尽在启也。已而启与友党攻益而夺之天下。是禹名传天下于益,而实令启自取之也。"可以为证。(又见《国策·燕策》)。

例百〇四

伯夷、叔齐虽贤,得夫子而名益彰,颜渊虽笃学,附骥尾而行益显。岩穴之士,趣舍有时若此,类名堙灭而不称,悲夫。(《史记》卷六十一《伯夷传》)

旧读以"若此类"连读,黄侃云:"'类'字当属下读。"树达按黄说是也。《史记·酷吏传》云:"大抵吏之治类多成、由等矣。"《汉书·贾谊传》云:"夫移风易俗,使天下回心而乡道,类非俗吏之所能为也。""类"字用法并同。

例百〇五

其志洁,故其称物芳;其行廉,故死而不容。自疏濯淖汙泥之中,蝉蜕于浊秽,以浮游尘埃之外,不获世之滋垢,皭然泥而不滓者也。(《史记》卷八十四《屈原传》)

通读以"不容自疏"为句。黄侃以"自疏"二字属下读,是也。《汉书·扬雄传》云:"又怪屈原文过相如至不容。"王逸《章句序注》引班固《离骚序》云:"忿怼不容,沉江而死",皆本此文,是其证矣。"不容"谓不见容,"自疏"犹言"自远",下省"于"字耳。"自疏濯淖汙泥之中",与"蝉蜕于浊秽"意同。以"自疏"属上读,则"濯淖汙泥之中"六字不成句,以无动字故也。

例百〇六

臣意家贫,欲为人治病,诚恐吏以除拘臣意也,故移名数,左右不修家生,出行游国中,问善为方数者事之久矣。(《史记》卷百五《仓公传》)

《正义》云:"以名籍属左右。"是以"左右"属上读。今按左右当属下读,张读非也。本传上文云:"为人治病,决死生多验。然左右行游诸侯,不以家为家。"《张仪传》云:"无信,左右卖国以取容。""左右"皆属下读,是其证。

例百〇七

始黯列为九卿,而公孙弘、张汤为小吏。及弘、汤稍益贵,与黯同位,黯又非毁、弘汤等。已而弘至丞相,封为侯;汤至御史大夫;故黯时丞相史皆与黯同列,或尊用过之。黯褊,心不能无少望。(《史记》卷百二十《汲黯传》)

吴汝纶《史记读本》于"褊心"绝句,非也。此当于"褊"字句绝,"心"字当下属。上文云:"弘汤深心疾黯。"《张汤传》

— 308 —

云："买臣固心望。"句例并同。吴似因《诗》有"维是褊心"之语而误断。

例百〇八

大为人长美，言多方略而敢为大言，处之不疑。(《汉书》卷二十五《郊祀志上》)

师古于"美言"下置注云："善为甘美之言也。"以"言"字上属。武亿云："此当以'大为人长美'为句。'言'连下'多方略'，于义自明。'而敢为大言，处之不疑'，又就其言之无忌惮者实之也。"树达按武说是也。

例百〇九

济南郡，户十四万七百六十一，口六十四万二千八百八十四，县十四，东平陵、邹平、台、梁邹。(《汉书》卷二十八《地理志上》)

顾炎武《日知录》云："《汉书》济南郡之县十四：一曰东平陵，二曰邹平，三曰台，四曰梁邹。《功臣表》则有台定侯戴野，梁邹孝侯武虎。是二县并为侯国。《后汉书》：济南郡十城；其一曰东平陵，其四曰台，其七曰梁邹，其八曰邹平。而《安帝纪》云：'延光三年二月戊子，济南上言：凤皇集台县丞霍收舍树上。'章怀太子注云：台县属济南郡，故城在今齐州平陵县北。《晏子春秋》：景公为晏子封邑，使田无宇致台与无盐。《水经注》亦云：济水又东北过台县北。寻其上下，文句本自了然。后人读《汉书》,误从'邹'字绝句,因以'邹'为一县,'平台'为一县。《齐乘》遂谓汉济南郡有邹县,《后汉》改为'邹平',又以'台''平台'为二县。此不得其句读而妄为之说也。"齐召南云:"宋本监本及别本俱以'邹'为一县,'平台'为一县,此大误也。邹平故城在今邹平县北,与驺县属鲁国者不同。台县即高祖功臣戴野侯国,与常山郡属之平台宣帝封史玄为侯者又不同也。"树达按顾、齐说是也。

例百一十

自是之后,荥阳下引河东南为鸿沟,以通宋、郑、陈、蔡、曹、卫,与济、汝、淮、泗会。于楚,西方则通渠汉川、云梦之际,东方则通沟江、淮之间。于吴,则通渠三江、五湖。于齐,则通淄、济之间。于蜀,则蜀守李冰凿离堆,避沫水之害,穿二江成都中。(《汉书》卷二十九《沟洫志》)

刘奉世云:"一鸿沟固不能旁通六国,又济自从千乘入海,安得会于楚也。"《困学纪闻》引朱子云:"'于楚'字本属下文。下有'于齐''于蜀'字,皆是句首;而刘误读,属之上句。"周寿昌云:"此本《史记》原文。文颖注《汉书》时已误读'会于楚',见《高帝本纪》'鸿沟'注。厥后程大昌论《禹贡》,亦引《河渠书》作'会于楚',是误读者不止一刘仲冯也。"

例百十一

召拜黯为淮阳太守。黯曰:"臣常有狗马之心,今病,力不能任郡事。"(《汉书》卷五十《汲黯传》)

师古于"力"字断句,云:"力,甚也。"周寿昌云:"'今病'二字为句,'力'字属下句读。"王先谦云:"周说是也,《史记》本作'臣常有狗马病,力不能任郡事。'狗马病犹言犬马之疾也,是'力'字应属下读。"树达按周、王读是也。

例百十二

是时广军几没,罢归。(《汉书》卷五十四《李广传》)

颜于"罢"字断句。王先谦云:"此师古误读。'罢'字连'归'为文,谓罢兵归也。"按王说是也。

例百十三

昌邑王宜嗣后,遣宗正、大鸿胪、光禄大夫奉节使征昌邑王典丧。服斩缞,亡悲哀之心。(《汉书》卷六十八《霍光传》)

师古曰:"典丧服,言为丧主也。"是颜以服字上属。钱大昭曰:"典丧,为丧主也。下言贺服斩缞无悲哀之心。颜以'典丧服'为句,失其指矣。"树达按钱说是也。《昌邑王传》云"霍光征王贺典丧",其明证也。

例百十四

案故图,乐安乡南以平陵陌为界,不足故而以闽陌为界,解何?(《汉书》卷八十一《匡衡传》)

师古云:"不足故者,不依故图而满足也。解何者,以分解此时,意犹今言分疏也。"王先谦云:"诘问郡不依故图而以此为解是何意也。本书'何'字为句,如《周亚夫传》:'君侯欲反,何?'《伍被传》:'公独以为无福,何?'《汲黯传》:'不早言之,何?'皆其例也。颜说非。"树达按颜以"解何"二字为句,王以"解"属上,以"何"一字为句。颜读是也。《外戚传》云:"太后独有帝,今哭而不悲,君知其解未?陈平曰:何解?"解何犹言何解。解今言理由,解何谓理由如何也。颜读虽是而训说非是。王欲改读,则误矣。

例百十五

莽白太后:"帝幼少,宜置师傅。"徙光为帝太傅,位四辅,给事中,领宿卫供养,行内署门户,省服御食物。(《汉书》卷八十一《孔光传》)

师古云:"行内,行在所之内中,犹言禁中也。"是以"行内"二字上属。胡三省《通鉴注》云:"'行内署门户'当为一句,此宿卫事也。省服御食物,则供养事也。文理甚明,师古误断其句,因曲为之说耳。"沈钦韩云:"《王莽传》:更始将史谌行诸署，与此同义。"今按胡、沈说是也。

例百十六

会日有食之，太中大夫蜀郡张匡，其人佞巧，上书愿对近臣陈日蚀咎。下朝者左将军丹等问，匡对曰。(《汉书》卷八十二《王商传》)

颜以"陈日食咎下朝者"为一句，"左将军丹等问匡"为一句。刘攽云："'下朝者左将军丹等'都是一句。上以匡章下丹等令问匡也。《王嘉传》亦有一'下朝者'。"刘奉世云："当云'下朝者左将军丹等问'，而后云'匡对曰'。"齐召南云："攽及奉世说是，师古误断。上文张匡愿对近臣陈日食咎，所谓近臣，即指中朝将军侍中等官也。"周寿昌云："《匡衡传》：'事下太子太傅萧望之少府梁邱贺问'，《朱博传》：'有诏左将军彭宣与中朝者杂问'，与此句例同。"树达按刘、齐、周说是也。

例百十七

商不尽忠纳善以辅至德，知圣主崇孝远别，不亲后庭之事，皆受命皇太后。(《汉书》卷八十二《王商传》)

师古云："远离女色而分别之，故云不亲也。"刘攽云："当断'不亲后庭之事'为句。"树达按刘读是也。

例百十八

义纵自河内迁为南阳太守,闻宁成家居南阳,及至关,宁成侧行送迎,然纵气盛,弗为礼。至郡,遂按宁氏,破碎其家。成坐有罪,及孔、暴之属皆奔亡,南阳吏民重足一迹。(《汉书》卷九十《义纵传》)

《颜注》于"奔亡南阳"注断。刘敞云:"南阳属下句。"树达按刘读是也。

例百十九

吴楚反时,条侯为太尉,乘传东,将至河南,得剧孟,喜曰:"吴楚举大事而不求剧,孟吾知其无能为已。"(《汉书》卷九十二《游侠剧孟传》)

师古云:"乘传车而东出为大将也。"以"乘传东将"四字为句。武亿云:"此颜氏断句之误。宜以'东'字属读,'将'字连下,于义自明。"王先谦说同。树达按武王说是也。

例百二十

诸左王将居东方,直上谷,以东接秽貉,朝鲜。(《汉书》卷九十四《匈奴传上》)

《颜注》于"以东"为句。刘敞云:"'以东'属下句。"树达按刘说是也。

例百二十一

副使季都别将医养视，狂王。(《汉书》卷九十六《西域传下》)

徐松云："医养谓知医者及厮养。"按徐以"医养"连读，非是。此文"养视"当连读。《霍光传》云："孝武皇帝曾孙病已，武帝时，有诏掖庭养视。"《丙吉传》云："胡组养视皇孙。"《外戚传》云："孝王薨，有一男嗣为王，时未满岁，有眚病，太后自养视。"《东观记》云："曹贡迎马严归，自养视之。"皆以养视连文。《外戚传》又云："哀帝即位，遣中郎谒者张由将医治中山小王。"又云："令孙建世子豫饰将医往问疾。"亦皆只云将医也。

例百二十二

明年春，遣大司徒宫、大司空丰、左将军建、右将军甄邯、光禄大夫歆奉乘舆法驾，迎皇后于安汉公第。宫、丰、歆授皇后玺绂。(《汉书》卷九十七《外戚平帝王后传下》)

师古曰："本是莽第，以皇后在是，因呼曰宫。"以"第宫"二字连读。董教增云："此当以'第'为句，'宫'字连下'丰歆'读，即前文'大司徒宫，大司空丰，光禄大夫歆。'三人也。颜说失之。"武亿云："下文唯云安汉公第，明不以宫字相连。"今按董、武说是也。

例百二十三

雷公曰:"臣治疏,愈说意而已。"(《素问·著至教论篇》)

王冰注云:"臣之所治,稀得痊瘉,请言深意而已疑心,已,止也。谓得说则疑心乃止。"是以"臣治疏愈"为句。孙诒让《札迻》十一云:"王断非经意也。此当以'臣治疏'三字为句,'愈说意而已'五字为句。此愈当读为偷。《礼记·表记》郑注云:'偷,苟且也。'《史记·苏秦传》云:'臣闻饥人所以饥而不食乌喙者,为其愈充腹而与饿死同患也。'《战国策·燕策》愈作偷。《淮南子·人间训》云:'焚林而猎,愈多得兽,后必无兽。'《韩非子·难一篇》愈亦作偷。盖雷公自言:臣之治疾,为术疏浅,但苟且取说己意而已。王氏失其句读而曲为之说,不可通矣。"树达按孙说是也。

例百二十四

鲁昭听伤而不辩其义,惧以鲁国不胜季氏,而不知仲、叔氏之恐,而与季氏同患也。以鲁国恐不胜一季氏,况于三季?同恶固相助。(《吕氏春秋》卷十六《察微篇》)

《高注》于"同恶"注断,树达按当以"况于三季"为句,"同恶固相助"为句。《史记》百六《吴王濞传》云"同恶相助,同好相留,同情相成,同欲相趋,同利相死",是其证也。

例百二十五

孔墨之弟子，皆以仁义之术教导于世，然而不免于儡，身犹不能行也。又况所教乎。(《淮南子》卷二《俶真训》)

《高诱注》云："儡身，身不见用，儡儡然也。"是高以"儡身"二字连读。王念孙云："儡字上属为句。不免于儡，谓躬行仁义而不免于疲也。'身'字下属为句。《吕览·有度篇》：'孔墨之弟子徒属充满天下，皆以仁义之术教导于天下，然而无所行。教者术犹不能行,(刘家立《淮南集证》引此文,误于"教者"二字绝句。)又况乎所教！'句法正与此同也。"今按王说是也。

乙 误读的贻害

五、原文不误因误读而误改

例百二十六

上计簿,具文而已,务为欺谩,以避其课。(《汉书》卷八《宣帝纪》)

《师古注》云:"虽有其文而实不副也。"王先谦曰:"'而已'当属下读。言虽具文簿,而已身图避其课,专务欺谩也。颜误己为已,从'而已'断句,则文气不属。"树达按王说误矣。《汲黯传》云:"择丞史任之,责大指而已,不细苛。"又云:"治务在无为而已,引大体,不拘文法。"《董仲舒传》云:"苟为诈而已,故不足称于大君子之门也。"岂皆文气不属邪?王氏自误,反以颜为误认,疏矣。

例百二十七

成帝河平元年二月庚子，泰山山桑谷，有鼜焚其巢。男子孙通等闻山中群鸟鼜鹊声，往视，见巢㷊，尽堕地中，有三鼜鷇，烧死。（《汉书》卷二十七《五行志中之下》）

师古注于"堕地中"注断。树达于傅君沅叔所借得一《汉书》校本过录惠栋校语云："'中'字连下读。"树达按堕地中义不可通，中谓巢中，惠校是也。官本因地中无义，遂改为池中，不知下文云"巢去地五丈五尺"，不能改作池字明矣。此因误读而妄改也。

例百二十八

会汉将栾布、平阳侯等兵至齐，击破三国兵，解围。已后闻齐初与三国有谋，将欲移兵伐齐。（《汉书》卷三十八《高五王传》）

王念孙曰："'已后闻'三字文义不顺，后当为复。言栾布等破三国兵解齐围，已而复闻齐与三国有谋，遂欲伐齐也。《通鉴·汉纪八》作后，则所见《汉书》本已误。《史记》正作'已而复闻齐与三国有谋。'复后二字篆隶皆相似，故复讹作后。"树达按王氏误读，故欲改字，其说非也。此当以解围已为句，谓解围事终了也。此班改《史记》处，故与《史记》读不同。《苏武传》云："会论虞常，欲因此事降武。剑斩虞常已，律曰：'汉使张武谋杀单于近臣。'"《王尊传》云："食已，乃还致诏。"《王莽传》云:"宇妻焉怀子,系狱。须产子已,杀之。"句例并同。

例百二十九

衡又使官大奴入殿中,问行起居,还言漏上十四刻行临到,衡安坐,不变色改容。无怵惕肃敬之心,骄慢不谨皆不敬。(《汉书》卷七十六《王尊传》)

宋祁云:"行临到当作行临时。"树达按此宋氏误读也。行字当上属为句。临到,临车驾将到也。《韩延寿传》云:"临上车,骑马吏一人后至。"《丙吉传》云:"临当封,吉疾病。"《杜邺传》云:"临拜,日食。"句例皆同。宋因上文有"衡知行临",故此亦以"行临"连读。不知此处行字属下,则"还言漏上十四刻"义不了也。

例百三十

奋武将军任千秋者,其父宫,昭帝时以丞相征事捕斩反者左将军上官桀,封侯,宣帝时为太常,薨。千秋嗣后,复为太常。(《汉书》卷七十九《冯奉世传》)

宋祁以"嗣后"为句,校云:"后疑作侯。"树达按"后"字当下属,宋说误。

六、原文不衍因误读而误删

例百三十一

冯骧乃西说秦王曰:"天下之游士凭轼结靷西入秦者,无不欲强秦而弱齐;凭轼结靷东入齐者,无不欲强齐而弱秦。此雌雄之国也,势不两立为雄,雄者得天下矣。"(《史记》卷七十五《孟尝君列传》)

王念孙《读史记杂志》卷四引顾子明云:"'为雄'下衍一'雄'字。'为雄'二字属下读。"树达按吴汝纶以"为雄"属上读,是也。不必衍"雄"字。下文骧说齐王云:"夫秦、齐,雄雌之国,秦强则齐弱矣。此势不两雄。"此文之"势不两立为雄",即彼文之"势不两雄"也。顾说非是。

例百三十二

七年冬十月,上自将击韩王信于铜鞮,斩其将。信亡走匈奴,与其将曼丘臣、王黄共立故赵后赵利为王。(《汉书》卷一《高帝纪》)

朱子文云:"考其文理意义,于'信亡走匈奴'句下多一'与'字。既云'信与其将共立赵利为王',如何却云'收信散兵','信'字不当下矣。又信本传拘于纪文,亦多一'与'字,更无义理。传云:'信亡走'云云,又曰:'复收信散兵而与信,及冒顿谋攻汉。'既云'信与其将立赵利为王',如何又云'收信散兵而与信'？以此观之，信既亡走匈奴，兵乱未知所在，其将乃共立赵利为王，收信散兵，与匈奴共距汉。若去一'与'字，纪传皆分明。"武亿云："子文立义纠结，皆属读之误也。考纪文'信亡走'为一句，'匈奴与其将曼邱臣王黄共立故赵后赵利为王'，则纪传两与字自明矣。盖前六年秋九月匈奴围韩王信于马邑，信降匈奴。至此信兵败亡走，仓猝不知所在，因与其将共立赵后尔。"

例百三十三

窃见灾异并起，天地失常，征表为国。欲终不言，念忠臣虽在畎亩，犹不忘君，惓惓之义也。况重以骨肉之亲，又加以旧恩未报乎！（《汉书》卷三十六《刘向传》）

宋祁云："正文句末，据文势不合有也字。"树达按此宋误读"犹不忘君惓惓之义也"为一句，故云尔。此当以"犹不忘君"四字为一句，"惓惓之义也"五字为一句。惓惓或作拳拳，或作款款。汉人凡言拳拳惓惓款款者，皆属臣下为言，无属君言者。据文势，此处略顿，正合有也字，宋说非是。

例百三十四

复以立为巴郡太守，秩中二千石居，赐爵左庶长。（《汉书》卷九十五《西南夷传》）

王先谦云:"'居'字当衍。"树达按"秩中二千石居"为句。说详第三节"当属上读而误属下"例七十五《汉书·京房传》条。

七、原文不脱因误读而误补

例百三十五

秦攻赵于长平,大破之,引兵而归。因使人索六城于赵而讲。赵计未定,楼缓新从秦来,赵王与楼缓计之曰:"与秦城何如不与?何如?"(《战国策》卷二十《赵策三》)

王念孙云:"以此'与秦城'为句,'何如不与'为句。'不与'下本无'何如'二字。《齐策》:'田侯召大臣而谋曰:救赵孰与勿救?'犹此言'与秦城何如不与'也。后人误读'与秦城何如'为句,因于'不与'下加'何如'二字,而不知其谬也。《太平御览·人事部》引此作'与秦地何如勿与'。"树达按"不与"下不当有"何如"二字,王说是也。惟"与秦城何如不与"当以七字作一句读,王作两句读,非是。

例百三十六

且陛下从代来,郎官者上书疏。未尝不辇受。其言不可用置之言可采未尝不称善。(《汉书》卷四十九《爰盎传》)

王念孙云:"'受其言'下当更有一'言'字。'言不可用',正与'言可采'对文。今本脱一'言'字。《御览·人事部》引此正作'言不可用',《史记》同。"树达按此王氏属读之误也。此文当于"受"字断句。受者,受书疏,非谓受言也。《风俗通》卷二引刘向语云:"文帝礼言事者,不伤其意。群臣无小大,至即便从容言,上止辇听之。其言可者,称善;不可者,喜笑而已。"此"其言"二字当下属之证。王氏因误读而欲增字,非也。

例百三十七

是岁,西羌反,汉遣后将军征之。京兆尹张敞上书言:"国兵在外,军以夏发,陇西以北,安定以西,吏民并给转输,田事颇废。"(《汉书》卷七十八《萧望之传》)

王念孙云:"'国兵在外军以夏',本作'充国兵在外军以经夏'。后将军即赵充国也。以与已同,充国兵在外军已经夏,言其在外已久也。今本脱去'充'字'经'字,则文不成义。"李慈铭云:"王谓'国'上脱一'充'字,是也。谓'以'下脱'经'字,则未然。此句自以'军以夏发'四字为句。"树达按王读误以"发"字属下,李读以"军以夏发"四字为句,是也。惟谓国上当补充字,仍非是。兵谓国家之兵,不当属之充国。《项籍传》云:"国兵新破",是国兵二字连用之证。

例百三十八

母之爱子也倍父,父令之行于子者十母;吏之于民无爱,令之行于民也万父。母积爱而令穷,吏用威严而民听从,严爱之策亦可决矣。(《韩非子·六反篇》)

宋乾道本如此。顾广圻云:"今本'积'上有'父母'二字,误。"王先慎云:"按上'十母''万父母'并句绝。'父母积爱'与'吏用威严'相对成文,不当省'父母'二字。顾说非,改从今本。"树达按顾说是也。本文既云:"父令之行于子者十母",不得又谓"父积爱而令穷",与上文矛盾。盖此文当于"万父"绝句,"母"字当与下"积爱而令穷"连读。俗本误以"父母"连读,以文不可通,遂又误增"父母"二字。王氏从之,谬矣。顾氏谓父母字不当增是矣。然不明言父字当断句,致后人误读,亦稍疏也。

八、原文不倒因误读而误乙

例百三十九

丁未,京师相惊言,大水至。渭水虒上小女陈持弓年九岁,走入横城门,入未央宫尚方掖门,殿门卫户者莫见,至句盾禁中而觉,

得。(《汉书》卷二十七《五行志下之上》)

颜师古云:"'觉得',事觉而见执得也。"王念孙云:"此文当作'至句盾禁中,觉而得',即师古所谓事觉而见执也。今作'而觉得',亦文不成义。《汉纪·孝成纪》正作'觉而得'。"树达按颜、王皆误读耳。此当以"至句盾禁中而觉"为一句,"得"一字为句。《沟洫志》云:"中作而觉",与此句例同。《张释之传》云:"其后人有盗高庙座前玉环,得。文帝怒,下廷尉治。"《霍光传》云:"赖祖宗神灵,先发,得,咸伏其辜。"《何武传》云:"圣子宾客为群盗,得,系庐江。"此皆《汉书》以"得"字一字为句之证。颜释得为"见执",是也;而以"觉得"连读,则非。王不能订颜之误读,乃欲易置本文,大谬。荀悦《汉纪》多不解本文而妄改,岂可据邪!

例百四十

杜钦,字子夏,茂陵杜邺与钦同姓字,俱以材能称京师,故衣冠谓钦为"盲杜子夏"以相别。(《汉书》卷六十《杜周传》)

王念孙云:"'俱以材能称'绝句,'故'字当在'京师'上,而以'故京师衣冠'五字连读。京师衣冠谓京师士大夫也。《白帖》十二引此作'京师衣冠谓钦为盲杜子夏',《御览·疾病部》三同,则'京师衣冠'四字连读明矣。《汉纪》作'俱好学以材能称',故京师谓钦为盲子夏,则'故京师'三字连读又明矣。"树达按称京师谓见称于京师也。班文简,省去"于"字耳。原文可通,不当如王读倒字。《汉纪》《白帖》皆误断句,岂可信从！王氏于此为误信矣。

例百四十一

隰斯弥见田成子,田成子与登台四望。三面皆畅,南望,隰子家之树蔽之。(《韩非子·说林上篇》)

  王先谦云:"'家之'二字误倒。"树达按王氏误断。此当以"南望"二字为一句,"隰子家之树蔽之"为一句。"南望"与上文"四望"句法同。"家之"二字不误,王氏误断,故欲乙其文耳。

丙 误读的原因

九、因文省而误读

例百四十二

西宫咸池，曰天五潢。五潢，五帝车舍。火入旱，金兵、水水。中有三柱。(《史记》卷二十七《天官书》)

王念孙云："火入旱，金兵，水水者，谓火入五潢则为旱，金则为兵，水则为水也。中有三柱者，谓五潢中有三柱也。《索隐》云：'谓火金水入五潢，则各致此灾也。'此注本在'水水'之下。今本列入上'水'字之下，下'水'字之上，而读'金兵水'为句，'水中有三柱'为句，大谬。"树达案王说是也。此文本当云"金入兵，水入水"，因上文火字下有入字，金下水下承上文各省去一入字，遂致误读也。

十、因不识古字通假而误读

例百四十三

黄帝居轩辕之邱,娶于西陵氏之子,谓之嫘祖。氏产青阳及昌意。昌意娶于蜀山氏之子,谓之昌濮氏,产颛顼。(《大戴礼记·帝系篇》)

卢文弨《钟山札记》云:"《汉书·地理志》:'非子至玄孙,氏为庄公。'师古曰:'氏与是同,古通用字。'《大戴礼》此文'西陵氏''蜀山氏'之氏,乃姓氏之氏,下'氏产'之'氏'与'是'同。读者不审,每以'嫘祖氏''昌濮氏'连读,误也。下云'氏产老童''氏产重黎',及'吴回氏产六子''氏产后稷''氏产契''氏产文命''氏产启',皆以'氏产'连文。又云'昆吾者,卫氏也',云云,凡六'氏'字亦同'是'。又云:'帝尧娶于散宜氏之子,谓之女皇氏;帝舜娶于帝尧之子,谓之女匽氏。''女皇''女匽'下不当有'氏'字,由前以'嫘祖氏''昌濮氏'误读,因谬加之。高邮王怀祖删此二'氏'字,是也。"树达按此因不知氏假为是,故致误读也。

例百四十四

诸侯之地,其削颇入汉者,为徙其侯国,及封其子孙也,所以数偿之。(《汉书》卷四十八《贾谊传》)

颜师古于"也"字为句。沈彤云:"也当作他。谓诸侯或以罪黜,其地被削,多入于汉者。若因其所存地为国,则国小而其子孙亦不得封,故为之徙其侯国,并封其子孙于他所,如其被削之数偿之也。颜注误。"树达按沈说是也。也、它二字古音同通假,不必改作"他"。

十一、因不识古韵而误读

例百四十五

卫侯贞卜,其繇曰:"如鱼窥尾,衡流而方羊。裔焉大国,灭之将亡。阖门塞窦,乃自后踰。"(《左传·哀公十七年》)

《杜预注》以"衡流而方羊裔焉"为句。《疏》云:"刘炫以为卜繇之词,文句相韵,以'裔焉'二字宜向下读之。知不然者,诗之为体,文皆韵句,其语助之词皆在韵句之下。即《齐诗》云:'俟我于著乎而,充耳以素乎而',《王诗》云:'君子阳阳,左执簧,其乐只且'之类是也。此之方羊与下句将亡自相为韵,'裔焉'二字为助句之辞。且繇辞之例,未必皆韵。此云:'阖门塞窦,乃自后踰',不与将亡为韵。是或韵或不韵,理无定准。"顾炎武《杜解补正》云:"当以'裔焉大国'为句。言其边于大国,将见灭而亡。"武亿云:"《困学纪闻》'衡流而方羊裔焉',引与杜同。《疏》说曲徇杜氏,非定训也。"树达按"裔焉"

不得为助词,《疏》说谬。武驳之,是也。当从刘、顾读为正。钱大昕《十驾斋养新录》卷二云:"《毛诗正义》亦出孔颖达之手,而《汝坟疏》引《左传》'如鱼赪尾衡流而彷徉',正与刘氏读合,仍不取杜说。"又按"阎门塞窦,乃自后踰"二句,乃以窦踰二字为韵,此文中变韵,何得以为或韵或不韵之据耶?《疏》说疏谬甚矣。

例百四十六

天为古,地为久,察彼万物,名于始。左名左,右名右,视彼万物,数为纪。纪之行也,利而无方,行而无止,以观人情利有等。维彼大道成而弗改。(《逸周书·周祝篇》)

王念孙云:"此文以久始右纪止等改为韵,'以观人情利有等'二句连读,孔以二句分属上下节而各自为解,失之。"树达按王说是也。

例百四十七

赵王饿,乃歌曰:"诸吕用事兮,刘氏微,迫胁王侯兮,强授我妃。我妃既妒兮,诬我以恶;谗女乱国兮,上曾不寤。我无忠臣兮,何故弃国?自快中野兮,苍天与直!于嗟不可悔兮,宁早自贼!"(《汉书》卷三十八《高五王传》)

颜以"我无忠臣兮何故"为句,注云:"谓不能明白之也。"刘敞云:"弃国当属上句。"树达按刘读是也。颜意盖以"故"

与上"妒""恶""寤"为韵,不知此句"故"字不当入韵,而当以"国"字与下"直""贼"为韵也。

例百四十八

相天下之马者,若灭若失,若亡其一。若此马者,绝尘弭辙。(《淮南子》卷十二《道应篇》)

《高诱注》云:"若灭,其相不可见也;若失,乍入乍出也;若亡,髣髴不及也。"是高以"若亡"为句。王念孙云:"此当以'若亡其一'为句。《庄子·徐无鬼篇》:'天下马有成材,若恤若失,若丧其一。'陆德明曰:'言丧其耦也。'《齐物篇》:'嗒焉似丧其耦。'司马彪曰:'耦,身也,身与神为耦。'此言若亡其一,亦谓精神不动,若亡其身也。注读至'若亡'为句,则'其一'二字上下无所属矣。且'一'与'失''辙'为韵,如高读,则失其韵矣。"树达按王说是也。

例百四十九

《精神》者,所以原本人之所由生,而晓寤其形骸九窍,取象于天,合同其气血,与雷霆风雨比类其喜怒,与昼宵寒暑。(《淮南子》卷二十一《要略篇》)

王念孙云:"今本'与昼宵寒暑'下有'并明'二字,后人所加也。与者,如也。言血气之相从如雷霆风雨,喜怒之相反如昼宵寒暑也。后人不知与之训为如,而读'与雷霆风雨比类'为一句,故又于'昼宵寒暑'下加'并明'二字以成对文耳。不知'合同其血气''比类其喜怒'相对为文,今以'比类'二字上属为句,而'其喜怒'三字自为一句,则句法参差矣。'与雷霆风雨''与昼宵寒暑'亦相对为文,今加'并明'二字,则句法又参差矣。且此文以'生''天'为韵,'雨''怒''暑'为韵,今加'并明'二字,则失其韵矣"。树达按王说是也。

十二、因字误而误读

例百五十

降,说屦升坐修,爵无数。(《礼记·乡饮酒义篇》)

钱大昕《十驾斋养新录》卷二云:"熊氏以修爵为行爵,后儒无异说。案《仪礼·乡饮酒礼》云:'说屦,揖让如初,升堂,乃羞,无算爵。'经文本无'修'字,始悟'修'乃'羞'之误,声相近也。'羞'字为句,《礼》所云'乃羞'也;'爵无数'为句,《礼》所云'无算爵'也。"树达按钱说是也。

例百五十一

或为周最谓金投曰:"秦以周最之齐疑天下,而又知赵之难子齐人战,恐齐、韩之合必先于秦。"(《国策》卷一《东周策》)

鲍彪读"而又知赵之难子"为句,注曰:"不敢违投。"又读"齐人战恐"为句,注曰:"秦既疑齐,投又不善齐,故齐惧伐。"姚宏云:"'子'曾本作'予'。"王念孙云:"作'予'者是也。'而又知赵之难予齐人战'为句,'恐齐韩之合'为句。'予'读为'与'。下文曰'秦知赵之难与齐战也,将恐齐赵之合也',是其明证矣。鲍说皆谬。"树达按王说是也。

例百五十二

昔者,赵氏袭卫,车舍,人不休传卫国,城割平,卫八门土而二门堕矣。(《国策》卷十二《齐策五》)

鲍彪读"不休传"为句,"卫国城割平"为句。注云:"传,驿遽也;平,成也。言城中割城求成。"王念孙云:"鲍说甚谬。'传'当为'傅','割'当为'刚',皆字之误也。'傅卫国'为句,'城刚平'为句。傅卫国者,傅,附也,言兵附于国都。故下文曰:'卫八门土而二门堕'也。隐十一年《左传》曰:'公会齐侯郑伯伐许,庚辰,傅于许',是也。'城刚平'者,刚平,邑名。城此邑以逼卫,若晋人城虎牢以逼郑也。《秦策》曰:'赵筑刚平,卫无东野,刍牧薪采莫敢闚东门。'《高注》曰:'刚平,卫地,赵筑之以为邑',是其证也。下文曰:'卫君跣行告溯于魏,魏王身被甲底剑,挑赵索战,卫得是藉也,亦收余甲而北面,残刚平,堕中牟之郭。'是赵城刚平以逼卫,卫得魏之助,因收余甲而残刚平也。《史记·赵世家》曰:'敬侯四年,筑刚平以侵卫',即此所谓'城刚平'也。又云:'五年,齐魏为卫攻赵,取我刚平',即下文所谓'残刚平'也。"树达按王说是也。

例百五十三

步骤驰骋,广骛,不外是以,君子之性守宫庭也。(《史记》卷二十三《礼书》)

《索隐》《正义》皆断"步骤驰骋广骛不外"为句,"是以君子之性守宫庭也"为句。《索隐》云:"言君子之性守正不慢,远行如常守宫庭也。"《正义》说略同。王念孙云:"二说皆非也。'广骛'当为'厉骛',字之误也。隶书'厉'字或作'厉',形与'广'相近,因讹为'广'。'厉'字本作'䉛'。《广雅》曰:'䉛,骤,驰,骛,骋,奔也。'《说文》曰:'䉛,次第驰也。'《玉篇》:'力世切。'古通作'厉',《楚辞·远游》:'飒弭节而高厉',是也。步骤驰骋厉骛皆两字平列,若作广骛,则非其指矣。是以当为是矣,声之误也。是矣二字上属为句。是,谓礼也。言君子率礼不越,步骤驰骋厉骛皆不外乎此也。若读至外字绝句,而以'是以'二字下属为句,则文不成义矣。君子之性守宫庭也,性守当为壥宇,亦字之误也。隶书壥字或作壥,形与性相近,守字形亦相近,故壥宇讹为性守。壥与坛古字通,壥宇即坛宇也。坛,堂基也;宇,屋边也。《荀子·儒效篇》曰:'君子言有坛宇,行有防表。'《汉书·礼乐志·郊祀歌》曰:'神之揄,临坛宇。'《盐铁论·散不足篇》曰:'无坛宇之居,庙堂之位。'此言君子率礼不越，如在坛宇宫庭之中也。坛宇宫庭，皆指宫室言之；若云性守宫庭，则文不成义矣。君子上当有是字，今本脱去，则与上文义不相属。《荀子·礼论篇》曰：'步骤驰骋厉骛，不外是矣，是君子之坛宇宫庭也。'足证今本之误。"树达按王说是也。

十三、因字衍而误读

例百五十四

古之王者知命之不长，是以并建圣哲，树之风声，分之采物，著之话言，为之律度，陈之艺极，引之表仪，予之法制，告之训典，教之防利，委之常秩，道之以礼则，使毋失其土宜，众隶赖之，而后即命。（《左传·文公六年》）

惠栋《左传补注》云："'道之以礼则'，《唐石经》无'以'字，俗儒所加，后人遂以'则'字属下句。"树达按惠说是也。"道之礼则"与上"树之风声"以下十句句例并同。若作"道之以礼"，则与上文句法参差矣。"使毋失其土宜"上不当有"则"字，若有"则"字，于文义为不顺矣。

例百五十五

故君子之行仁也无厌，志好之，行安之，乐言之，故言君子必

辩。(《荀子·非相篇》)

杨惊于"故言"下注云:"所以好言说,由此三者也。"王念孙云:"杨说非也。'故君子必辩'为一句,故下本无'言'字。此言君子志好之,行安之,乐言之,是以必辩也。上文云:'故君子之于言也,志好之,行安之,乐言之,故君子必辩',是其证。今作'故言君子必辩','言'字乃涉上文而衍。杨断'故言'为一句以结上文,则'君子必辩'四字竟成赘语矣。"树达按王说是也。

十四、因字脱而误读

例百五十六

盖老而复壮者三,为王后,七为夫人。(《列女传·孽嬖传》)

卢文弨《钟山札记》卷四云:"《史通》引《列女传》云:夏姬再为夫人,三为王后。夫为夫人则难以验也。三为王后,则于周楚皆无所处,以是为讥。今考《列女传》云:'盖老而复壮者三',当句绝。(郭璞《山海经图赞》云:夏姬是艳,厥媚三还。谚亦云:夏姬得道,鸡皮三少。)其下云:'为王后句,七为夫人。'余谓'为王后'上当有'一'字,左氏虽未言曾入楚宫,而《列女传》则言庄王纳巫臣之谏,使坏后垣而出之,则固曾入楚宫矣,是非一为王后乎?至言七为夫人,若以国君言,诚无可考,或刘向因后世卿大夫妻通称夫人,而以之例前代,并淫乱者数之,固有七矣。若《史通》云再为夫人,则前御叔,后巫臣,更为灼然,似作再字为是。"树达按卢说是也。

丁 特殊的例句

十五、数读皆可通

按数读皆可通，非著书之人故以此为谜苦后人也，乃今人苦不得其真读耳。

例百五十七

及期以司徒之大旗致众庶而陈之以旗物辨乡邑而治其政令刑禁（《周礼·地官·乡师》）

《郑注》云：司徒致众庶者以熊虎之旗，此又以之，明为司徒致之。陈之以旗物，以表正其行列辨别异也。是郑于"致众庶"为句，而"陈之以旗物"为一句。孙诒让《周礼正义》卷二十一云：黄度读'致众庶而陈之'为句，而以'以旗物辨乡邑'为句，易祓、郑锷、李光坡、李钟伦、方苞、姜兆锡、庄有可读并同。今案以旗物辨乡邑,即《大司马》'中夏苃舍辨号名,中秋治兵辨旗物'之事。旗物乡邑不同,亦即《大司马》所云'乡以州名'也。黄读于义亦通。

例百五十八

子曰:"吾与回言终日,不违,如愚。退而省其私,亦足以发,回也不愚。"(《论语·为政篇》)

《李文公集·答王载言书》引"子曰吾与回言",不连及下文。《论语集注考证》云:"张师曾校张达善点本谓'吾与回言终日',自《集注》取李氏之说,始读为句绝。前此儒先亦以'吾与回言'为句。"树达按"终日"为表时状字,或状上"言"字,或状下"不违",两皆可通。

例百五十九

夏礼吾能言之,杞不足征也,殷礼吾能言之,宋不足征也。(《论语·八佾篇》)

旧读于二"之"字绝句。宋王楙《野客丛书》云:"《礼记·礼运》:孔子曰:'我欲观夏道,是故之杞而不足征也;吾得夏时焉。我欲观殷道,是故之宋而不足征也;吾得坤乾焉。'知《论语》盖于'之'字上点句。"树达按两读皆可通。

例百六十

祭如在，祭神如神在。子曰："吾不与祭，如不祭。"（《论语·八佾篇》）

旧读以"吾不与祭"为句。武亿云："当以'与'字断。祭如不祭，义自豁然矣。《周礼·大宗伯》：'若王不与，祭祀则摄位。凡大祭祀，王后不与，则摄而荐豆笾。'《外宗》：'王后不与，则赞宗伯。'《祭仆》：'凡祭祀，王之所不与。'是自《周官》所著，皆可历据。考《昌黎集·读墨子》云：'孔子祭如在，讥祭如不祭者。'况朱子《集注》明言'或有故不得与'，则朱子亦明以'不与'属句矣。"树达按此两读皆可通。

例百六十一

子在齐闻韶，三月不知肉味。曰："不图为乐之至于斯也。"（《论语·述而篇》）

近读于"韶"字绝句。武亿云："此宜以'子在齐'为读，与'子在陈'同例。下文'闻《韶》三月'当作一句。《史记·孔子世家》：'闻《韶》音，学之三月。'详玩此文，正以'闻《韶》'属三月为义。"树达按"三月"为表时状字，与前引《为政篇》例"终日"同。上下两属皆可通。

例百六十二

棘子成曰:"君子质而已矣,何以文为?"子贡曰:"惜乎,夫子之说君子也!驷不及舌,文犹质也,质犹文也,虎豹之鞟犹犬羊之鞟。"(《论语·颜渊篇》)

朱子注云:"言子成之言,乃君子之意。"是朱子于"说"字断句。阎若璩《四书释地》引张惟适云:"'惜乎夫子之说君子也'二句十三字作一气读。君子即上文君子,说字即指上二句,谓其论君子专主质,不合。文质不可相无。"今按两读皆通。

例百六十三

子谓薛居州,善士也,使之居于王所。在于王所者,长幼卑尊皆薛居州也,王谁与为不善?在王所者,长幼卑尊,皆非薛居州也,王谁与为善?一薛居州,独如宋王何。(《孟子·滕文公下篇》)

此凡两读。一读"独如宋王何"五字为句,一读"独"字一字为句,"如宋王何"四字为句。按两读皆可通。

例百六十四

晋人有冯妇者,善搏虎,卒为善士,则之野,有众逐虎,虎负嵎,莫之敢撄。望见冯妇,趋而迎之。冯妇攘臂下车,众皆悦之。其为士者笑之。(《孟子·尽心下篇》)

此凡两读。旧读以"卒为善士"绝句,"则之野"绝句。

宋刘昌诗《芦浦笔记》云："此恐合以'卒为善'为一句，'士则之'为一句，'野有众逐虎'为一句。盖有搏虎之勇而能卒为善，故士以为则；及其不知止，则士以为笑也。"周密《志雅堂杂钞》云："前云'士则之'，后云'其为士者笑之'。文义相属。"（又见周氏《癸辛杂识续集》上卷）明杨慎、李豫亨说同。阎若璩云："古人文字序事未有无根者。惟冯妇之野，然后众得望见冯妇。若如宋周密、明杨慎断'士则之'为句，以与末'其为士者笑之'相照应，而'野'字遂属下。野但有众耳，何由有冯妇来？此为无根。"树达按阎说固是。然如其说，则"其为士者笑之"士字亦无根矣。此两读皆可通也。

例百六十五

于是衡谭奏议曰："陛下圣德忽明，上通承天之大典，览群下。"（《汉书》卷二十五《郊祀志》）

周寿昌云："各家读'德'字'通'字'典'字断句。何焯读'明'字'典'字断句。方扶南读'德'字'通'字'大'字断句，'典览群下'为一句。"树达按此凡三读，皆可通。

例百六十六

击章邯车骑，殿。（《汉书》卷四十《周勃传》）

师古云："殿之言填也，谓填军后以扞敌。勃击破章邯之殿兵也。"周寿昌云："殿，为高帝殿后也。'击章邯车骑'句，

'殿'一字句。"王先谦云:"颜、周二说并通。"

例百六十七

攻开封,先至城下为多。(《汉书》卷四十《周勃传》)

　　文颖云:"勃士卒至者多也。"此以"先至城下为多"六字作一句读。如淳云:"《周礼》:'战功曰多。'"师古云:"多谓功多也。"此以"先至城下"为一句,"为多"二字为一句。李慈铭云:"此当以'先至'为句,'城下'为句。下读去声,言攻开封,勃既先至;及城破,又勃功为多也。"树达按此三读皆可通。

例百六十八

周宣王田于圃,田车数百乘。(《墨子·明鬼下篇》)

　　毕沅校本以"田于圃"为句。俞樾云:"圃田,地名。《诗·车攻篇》:'东有甫草,驾言行狩',《郑笺》以郑有甫田说之。《尔雅·释地》作郑有圃田,即其地也。毕读'圃'字绝句,非是。"孙诒让云:"韦昭注《国语》引《周春秋》'宣王会诸侯田于圃',明道本'圃,作'囿'。《史记·封禅书》索隐、《周本纪》正义所引并与韦同。《论衡·死伪篇》云:'宣王将田于圃',则汉唐旧读并于'圃'字断句,皆不以'圃'为'圃田'。《荀子·王霸篇》杨注引《随巢子》云:'杜伯射宣王于亩田。'以圃田为亩田,似可为俞读左证,说亦可通,姑两存之。"(终)